家庭成长系列丛书

U0740576

陪孩子走过
6~12 岁

北京市妇女联合会
北京市家庭教育研究会　编著

北京出版集团
北京出版社

图书在版编目（CIP）数据

陪孩子走过6~12岁 / 北京市妇女联合会，北京市家
庭教育研究会编著. — 北京 ：北京出版社，2023. 11
（家庭成长系列丛书）
ISBN 978 - 7 - 200 - 18342 - 9

Ⅰ．①陪… Ⅱ．①北… ②北… Ⅲ．①儿童教育—家
庭教育 Ⅳ．①G782

中国国家版本馆 CIP 数据核字（2023）第 211689 号

家庭成长系列丛书
陪孩子走过6~12 岁
PEI HAIZI ZOUGUO 6~12 SUI

北京市妇女联合会　北京市家庭教育研究会　编著

*

北　京　出　版　集　团
北　京　出　版　社 出版
（北京北三环中路 6 号）
邮政编码：100120
网　　　址：www . bph . com . cn
北 京 出 版 集 团 总 发 行
新 华 书 店 经 销
北京瑞禾彩色印刷有限公司印刷

*

710 毫米×1000 毫米　　16 开本　　17. 25 印张　　230 千字
2023 年 11 月第 1 版　　2023 年 11 月第 1 次印刷
ISBN 978 - 7 - 200 - 18342 - 9
定价：52. 00 元
如有印装质量问题，由本社负责调换
质量监督电话：010 - 58572393

《陪孩子走过 6~12 岁》
编委会
（编委会成员名单按姓氏笔画排序）

主任

张雅君

副主任

赵红伟　徐　凡

主编

刘焕春　恽　梅

编委会委员

王　宏　王晓磊　边玉芳　朱月琦　刘国平　杨庆华　芦咏莉

李　楠　张立佩　陈展红　果海霞　赵　丽　赵石屏　赵丽丽

段冬梅　徐　蕊　高　婷　唐　洪　魏　渲

前言

　　家庭是人生的第一所学校，家长是孩子的第一任老师，家长要给孩子讲好"人生第一课"，帮助孩子扣好人生第一粒扣子。科学的家庭教育是儿童健康成长的基础，对儿童的一生有着深远的影响。2019 年，全国妇联、教育部等 9 个部门共同颁布了《全国家庭教育指导大纲（修订）》；2021 年，《中华人民共和国家庭教育促进法》颁布，并于 2022 年正式实施；2022 年，全国妇联、教育部等 11 个部委联合发布了《关于指导推进家庭教育的五年规划（2021—2025）》。这些纲领性文件为我们研发家庭教育课程体系提供了基础和遵循的依据。

　　坚持立德树人的根本任务，立足北京实际，聚焦生活教育，北京市妇联依托北京市家庭教育研究会研发了《北京市家庭教育课程大纲》，针对不同年龄段儿童的身心发展规律和家庭教育特点，逐步编写分龄（0~3 岁、3~6 岁、6~12 岁、12~18 岁）指导丛书和相应的指导课程。本书即为分龄指导丛书的第三本。

　　6 岁左右，孩子将从幼儿园毕业，进入小学。这是一个重要的转折期，孩子从此开始正规的学习生活。这也是一个平稳发展的时期，孩子的身体、认知、情绪以及社会性等各方面都在持续稳定地发展变化，为进入下一个快速发展期——青春期做着准备。相应的，父母的养育责任和养育智慧也需要丰富和升级。本书从提升父母养育能力和促进孩子身心发展的双重角度，为 6~12 岁孩子的父母提供分年龄段的育儿实操指导。

本书分为"新父母启航""6~8 岁""8~10 岁""10~12 岁"4 个部分，力求承上启下，给予父母有关不同阶段孩子发展和家庭养育的连续、全面的解读和科学、实用的方法指导。"新父母启航"部分从整体的角度，针对如何认识本阶段儿童的年龄特征、发展任务、家庭养育方法，以及父母心理的调适和教育资源的挖掘利用等内容进行简要介绍。在"6~8 岁""8~10 岁""10~12 岁"的分龄指导章节中，本书首先对相应阶段孩子身心发展的特点进行简要说明，并秉持生活教育理念，从"一起健康、安全地生活""一起打理家务""一起恰当使用媒介""一起感受美、创造美""支持孩子学习""培养孩子的良好品行，帮助孩子适应学校和社会""智慧父母驿站"等方面，针对孩子在不同发展阶段中的新目标、新问题、新挑战，为家长提供科学的家教知识和实用的操作指导，帮助家长循序渐进地培养孩子的良好品行、健康体魄和必备能力。

同时，本书秉持赋能父母和家庭的理念，针对 6~12 岁不同阶段养育生活中父母和家庭可能面临的困难、问题和困惑，从家校协同、隔代养育、情绪调节、亲子沟通等方面，帮助家长调整心态、找好定位、提升素养，更好地承担养育孩子的责任。

希望本书能够为广大 6~12 岁儿童父母的养育生活提供理念指导和实质性的帮助。

北京市妇女联合会
北京市家庭教育研究会

目录

新父母
启航

♡♡♡ 重新认识你的孩子

　　现在，孩子已经从幼儿期毕业，进入儿童中期（学龄初期）。这是一个重要的转折时期，从这个时期开始，孩子要进行长期的正规学习。作为儿童中期的新生，他们虽然还很稚嫩，但已经具备了开始正规学习的基本条件。下面这些变化，您观察到了吗？

身体和动作能力

　　体形变得比较苗条，身体比例和成人已经非常接近，大脑的重量也接近成人，肌肉更多、骨骼更坚硬，身体更强壮了。

　　走、跑、跳跃、攀爬、投掷等基本动作已经比较熟练、协调和灵活，很多孩子已经会骑车，有的孩子甚至开始学习游泳、轮滑、球类等运动项目。手的动作也更灵活，既可以熟练地穿脱衣物，玩拼图、积木、串珠等玩具，也已经能自如地使用勺子、剪刀等工具，还能用蜡笔、铅笔等来涂涂画画，有的孩子甚至已经开始学习乐器演奏、书法、绘画等艺术类项目。

语言和认知能力

相比更小的时候，孩子的发音大大改善，词汇也丰富多了，能够理解和说出比较复杂的句子，说话像个小大人，并开始理解言外之意，能够熟练地进行语言交流。

记忆力明显增强，能够比较完整地描述前些天经历过的事情。能够同时注意到更多的事物，保持专注的能力也有所提高，能够更好地完成任务。

同时，借助丰富的媒介，他们已经了解了有关周围环境的很多知识，甚至对很多领域的知识都有所涉猎。对于熟悉的环境，他们还可以合乎逻辑地思考其中的因果关系。

对熟悉的事物能够按层级分类，比如知道菠菜是蔬菜的一种，而蔬菜是食物的一类，并且能够根据功能等较为内在的共性特征来进行分类，而不仅仅是外表特征，具备了学习科学概念的基础。

另外，他们还有了做简单计划的能力，比如为超市购物列清单，但是此时他们按照计划执行的能力还有待提高，只能完成简单的任务，可能还需要成人的提醒和帮助。

情绪和社会适应能力

对自己的个性、情绪等开始有一些了解，比如"我不喜欢……""……时

我很开心"等。知道别人的想法、感受可能与自己不同，能够比较准确地理解别人的情绪，包括一些比较复杂的情绪，比如悲喜交加、尴尬、纠结等。开始学习站在别人的角度思考、为别人着想，学习妥协、协商，尝试与别人分工、合作。

了解了一些社会规范，有遵守规则的意识。调节情绪的能力有所提高，攻击等冲动性的行为减少，能够更好地适应集体生活。

一起踏上新里程

在接下来的这 6 年里，孩子将踏入一个快速发展的时期，到这个时期末，他们各个方面的能力都将有质的飞跃。您将会观察到下面这些情况，并需要适当提供助力。

身体发育和动作发展

相对于之前的婴幼儿时期和之后的青春期，这个阶段孩子的身体发育相对缓慢一些，但是仍在持续生长。随着骨骼、肌肉和大脑发育的进展，孩子的动作将更为灵活、协调、有力，这使孩子可以学习和掌握更复杂、更精细的运动技能。

这个时期，除了培养孩子的运动习惯以外，还可以让孩子根据自己的兴趣涉猎一些体育运动，比如足球、篮球、跳远、跑步、游泳、滑冰、跳绳、骑车等，并参加一些集体项目。这样不仅有益于孩子身体的健康发育，还有利于培养有益终身的运动兴趣和习惯，以及与人合作的意识和能力，并使孩子通过体育运动获得成就感、掌控感和愉悦感，通过经历输赢，培养挫折耐受力和积极向上的精神风貌。

另外，孩子的手部精细动作能力进一步提高，快要接近成人的水平，比如可以熟练地系鞋带、书写等，可以进行一些比较复杂的手工活动，比如编织、折叠、雕塑等。这个时期，可以让孩子学习一些乐器和书法、绘画等艺术类的项目，不仅可以促进孩子精细动作的发展，还能带给孩子丰富的美感体验，陶冶性情。

语言、认知发展与学习

孩子语言能力的发展也将迈出意义重大的步伐，除了能够用更丰富的语言细致、全面地描述事物，表述更有逻辑性以外，还将开始深度阅读，形成通过阅读学习知识的能力，并开始真正意义上的写作。这个时期，要鼓励孩子涉猎文学、科普、新闻时事等多领域的阅读内容，并通过讨论促进他对于阅读内容的思考、梳理和整合，鼓励他有条理地表达自己的见闻、感受和观点。

孩子开始把逻辑思维应用到具体的问题情境中，分析问题和解决问题的能力有明显的提高，这为孩子系统地学习各类知识奠定了智力的基础。

在进行正规、系统学习的同时，孩子也在形成学习习惯，培养学习动力，掌握基本的学习方法和策略，并学习认识和监控自己的学习和思考过程。其中，学习习惯和动力的培养尤为重要。孩子要养成自觉听课、预习、复习和完成作业等习惯，并能排除干扰、专心学习，在不同的学习活动之间很好地转换。

家长要激发孩子对知识的好奇心，引导孩子将所学知识与生活相联系，在生活中应用，让他看到通过努力取得的成就——掌握知识技能、提高解决问题的能力。体会发现新知的乐趣和解决问题的成就感，能让孩子的内心生出更持久、更稳定的学习动力。

情绪、社会适应发展

孩子逐渐能够从不同的方面来和别人相比并评价自己。在班级里，无论是否愿意，孩子都会经历各方面的比较，这对他正确认识自己既是一个机会，也是一个考验。成人要引导他发现自己的优势和不足，在集体中发挥自己的优势、发展自己的特长，不断积累自己独特的价值，对别人保持谦虚、尊重的态度，真诚合作，并在合作过程中向别人学习。

这一时期，孩子与人交往时更看重对方内在的品质和相互的信任，有了真正的友谊，并且逐渐把亲密关系看作友谊关系的核心。友谊能够为孩子提供心理支持，是孩子幸福感和抗挫折能力的重要来源。成人可以借助自己丰富的人际经验，示范并帮助孩子学习理解别人、调控自己的言行、助人、合作、处理与别人的分歧等重要的社会技能，使孩子更受欢迎，能够结交到好朋友。

孩子能够站在对方的角度反思和调整自己的观点、行为，开始从人际互动的角度来理解规则。和小伙伴玩耍的时候讨论游戏规则怎样才公平合理，是促进孩子理解公平概念的机会，也是学习如何争取自己的利益，并做出必要的妥协和让步的机会。家长也可以通过和孩子讨论游戏规则，或让他参与、旁观矛盾冲突的调解过程，引导他跳出冲突双方的视角，站在第三方的角度看问题，并练习倾听和表达，尝试整合、协调各方意见。这些能力将帮助他更好地与人相处、适应社会，并成为团队的组织协调者。

在本阶段，孩子将面对学校、家庭等各方对他提出的多方面的要求，比如：遵守纪律，按时完成作业，学习和掌握各种知识技能，与同伴友好相处，参加各种集体活动并在集体中担负起自己的责任（比如做小组长等），照顾自己，分担家务，在各种场合举止得体……为了应对这些挑战，孩子需要付出很大的努力。如果他能够通过努力提高能力，成功应对挑战，就能产生掌控感，而这又会促使他持续勤奋和付出努力。但是，如果他屡屡受挫，感受不到努力的成效和自身的成长，就会感到失败和自卑，并变得退缩，失去进取精神。因此，家长要关心、理解孩子并耐心地指导他，帮助他克服困难、取得进步、树立信心，鼓励他为了心中的目标而努力，成为一个勤奋和积极进取的人。

准备迎接青春期

本阶段末，孩子的身体即将进入一个快速发育的时期，认知能力也将发生一次飞跃——向抽象逻辑思维阶段迈进。随着这个进程的发展，孩子对自己、父母、同学和老师以及周围的世界的认识可能会发生深刻的变化，可能还会伴随着情绪波动大、与父母和同龄人关系紧张，等等。家长要为这个变化做好准备，和孩子一起迎接青春期。

升级养育智慧

　　与之前的阶段相比，这个阶段的孩子能力更强，也更有想法、更主动。一方面，这体现了孩子身上积极的成长力量，但另一方面，这也可能使孩子面临更多潜在的风险，比如犯错、遭遇意外等。因此，如何做到既鼓励孩子自主和努力，又防范可能的风险，需要家长拿捏好放手和管控的分寸。在未来很长一段时间里，这都是家长需要反复审时度势，进行调整的地方。

权威型的养育：既有关爱，又有要求

　　心理学家提出了养育中的两种核心因素——关爱和要求，两者兼具才最有利于孩子的健康成长。这种两者兼具的养育方式被称为权威型（也有人称之为民主型）的养育方式。

　　权威型的父母对孩子充满温情，能敏感地觉察到孩子的需要，因而与孩子的关系是亲密、温暖、愉快的。同时，他们也期望孩子做出与自己的年龄

相适宜的行为而不会放任，因此他们会对孩子提出适当的要求、向孩子解释为什么要这样做，并督促孩子做到。这样做的结果是，孩子举止适宜、能力不断提升。此外，权威型的父母重视孩子自主能力的培养，他们鼓励孩子表达自己的感受、想法和愿望，并在做决定的时候予以充分考虑，也会引导孩子参与到做决定的过程中，他们会根据孩子的能力，渐进地、适度地把决定权交到孩子的手中。因而，孩子愿意听从他们的教导，同时独立思考、自主决策的能力也得以不断提高——而这方面的成长又会使父母赋予他们更多的自主权，让他们变得更成熟、更独立。

心理学的研究结果表明，既有关爱，又有要求的权威型养育，有利于培养出乐观、自信、有自制力、有主见、能坚持、善于合作的孩子。相比而言，一味强行控制、缺乏关爱的专制型养育，很可能培养出焦虑、退缩、对外界充满敌意的孩子；溺爱放纵的放任型养育之下，孩子可能会冲动、叛逆、过度依赖，缺乏坚持性和合作精神；而放任又漠不关心的忽视型养育如果做到极致，就会成为对孩子的一种虐待，可能导致孩子缺乏情绪调节能力，学业成绩低下，并产生反社会的行为。

因此，家长要努力学习权威型的养育方式，对孩子既关心又知心，既约束又引导，逐步引领孩子走上独立自主的发展轨道。

善用积分制

积分制是培养孩子良好习惯的常用方法之一。具体做法是：当孩子表现出了恰当的行为时，就给他积分。当他攒够了约定的积分，就可以得到一件他梦想得到的东西。例如：父母和孩子约定，每次孩子自己收拾书包，就给他画一面小红旗；攒够10面小红旗，就可以带他去郊外搭帐篷野餐一次。

采用积分制培养孩子的良好习惯时，需要注意：第一，给孩子的奖励应该是他特别希望得到的；第二，积分要求要适当，既不要太容易达到，又不要太难达到，也就是说，既要让孩子努力付出，又要让他看到希望，愿意为之努力。

调整沟通方式

孩子进入小学后，活动范围拓宽了，视野也随之开阔了，变得更有自己的想法，而且越来越不喜欢听别人唠叨。因此，家长一定要控制住自己讲道理、做指导的冲动，在与孩子相处的过程中多听、多看、少说，并以尊重、平等的态度来倾听和理解孩子。

不少父母发愁孩子不愿意和自己沟通。其实，想让孩子敞开心扉，最重要的是营造宽容、放松的氛围。除了认真倾听、少做评判之外，父母还可以尝试分享自己的经历，但不要抱着通过今昔对比去教育孩子的目的，只展示自己积极、正向的一面，比如自己当初如何刻苦努力、如何上进、优秀等。父母不妨也分享自己年少时有过的困惑、挫败、失落，或者愿望、兴趣等。与孩子的经历或感受相联结，引起他的共鸣，他才会有更多的话对父母说。

反应式倾听、使用"我的信息"等沟通技巧，在这个阶段仍然适用，但给予孩子有限的选择可能会让他感到受限，因此父母不妨采用开放式的沟通。比如问孩子"你觉得怎么样""你想怎么做"或"这只是我的建议，你有不同的想法吗"等，让孩子感到父母愿意听他表达自己的意见，并因此也乐于倾听父母的想法，从而渐渐学会既能表达自己，也能倾听他人。

亲子之间沟通顺畅，家长就能更好地了解孩子，如在学校的学习、交友、与老师交流的情况以及遇到的困难、问题和潜在的风险等，并给予他适当的提醒、建议和指导。

尝试召开家庭会议

　　家庭会议能起到沟通信息、增进情感、融洽关系的作用。召开家庭会议不仅是处理家庭事务的好办法，更是孩子学习做计划和决策，学习相互关心和尊重，学习沟通、协商、合作的好机会。在这个过程中，如果孩子能感受到被尊重和家人对自己意见的采纳，会形成安全感、归属感，逐渐变得懂事、明理。

　　要使家庭会议真正达到上述目的，就要真正地让孩子以平等的身份参与进来。为了保证这一点，父母可以尝试下面这些技巧：

　　⊙ 选一个大家都比较方便的时间、一个舒适的场所（如客厅、饭厅或书房，甚至可以在床上），以便大家可以放松地参会。

　　⊙ 选一个主持人，负责把握讨论的方向、掌握时间进程、总结大家的意见等。

　　⊙ 做好记录，如大家对每个问题都有什么样的意见，最后做了怎样的决定，是怎样分工的，还有哪些问题没有解决等。

　　⊙ 让孩子优先发言，父母可以补充意见。

　　⊙ 用头脑风暴的方式拓宽思路。

　　⊙ 努力促进交流。比如多问问大家的想法、确保每个人都有发言机会，促进相互间的意见反馈，多赞扬别人的优点和贡献、倡导相互鼓励的氛围。

　　⊙ 及时梳理，把意见条理化。

⊙ 对牢骚"叫停",关注问题的解决。

此外,为了让家庭会议取得良好的效果,需要大家共同制定并遵守一些基本规则,如:

⊙ 别人说话时要认真听,不能随意打断。

⊙ 不要随意转换话题或说题外话,以保证开会的效率。

积蓄心理力量

孩子上学之后，督促孩子学习往往会成为家庭中的一件大事，同时这件事也会成为家长的心理压力和亲子冲突的诱因之一，并且随着孩子升学之期临近而日益凸显。虽然很多家长明白要保持平稳心态，但是面对孩子的时候还是难免急躁，常常感觉心力交瘁。单单孩子学习这一项，就有可能让不少家庭从"母慈子孝"变成"鸡飞狗跳"，何况生活中还有很多养育、教育的问题需要处理。因此在这个时期，调整心理状态、增强抗压能力，将是很多父母的必修课。

提高自己的情绪控制能力

要控制情绪，首先要能够觉察自己情绪的波动。怒气上冲的时候，人的身体会产生一些生理反应，比如呼吸和心跳加快、血气上涌等。接下来，说话的音调可能会提高，不好听的话脱口而出，甚至可能摔东西、出手伤人……

如果能在出现生理反应的阶段觉察到自己的情绪，"看到"自己的怒火正在升腾，就有可能控制过激的行为反应。

怎么做才能更好地觉察到自己的情绪呢？可以每天给自己几分钟时间体会自己的身体：吃饭的时候，感受食物在嘴里的触感、味道，如感受米饭在细嚼之下慢慢发出甜味，感受食物下咽时通过喉咙，等等；静坐的时候，感受自己的呼吸，感受气息进出鼻腔时流动的感觉和冷热的变化，胸腔的起伏，等等。通过这些练习，可以增强对自己身体感觉的觉察能力，进而在某种情绪到来、身体发生生理反应时，可以更好地觉察到。

一旦觉察到自己的某种情绪，就可以对它叫停，暂缓言语（说话）和非言语（动作）反应。比如，采用深呼吸（腹式呼吸）的方式来暂停：用鼻子缓慢而平稳地吸气，感受腹部鼓起并保持 1 秒钟，然后腹部缓缓收缩，慢慢地吐气，感受腹部的活动或气体向外流动。这个一呼一吸的过程可能持续5~10 秒，它会打断身体的应激反应。其他可用于暂停的方法还有：叹口气，慢慢地坐下来，喝一口水，做一个自己常用的手势，反复默念或说出"停"，等等。

对于之前不习惯这样做的人来说，这个过程可能并不容易。家长可以不断尝试和练习，一旦熟练并形成习惯，从觉察情绪到叫停反应的过程可以一气呵成，情绪控制的能力就能上一个台阶。

偶尔给自己放假，适当转移注意力

来自工作和家庭的压力一直积压，会使人心力交瘁，家长要记得时常给自己的心情放个假。换个环境待一段时间，和久未联系的朋友聚一聚，做些运动，等等，都能转移注意力，但关键是在做这些事情时，要真正投入其中，把其他事情放下。

让自己的注意力暂时离开，也许并不能直接解决问题。但是，一方面，即便是短暂的放松，也会使紧绷的身心得以休息，让自身的能量得到补充；另一方面，心境的转换常常会带来新的视角，改变自己对问题的看法和感受，给解决问题带来新的思路。

目光放长远

父母对孩子会有各种具体、现实的期望，比如成绩进入班级或学校多少名、升入哪一所学校等。但向这些目标努力的过程却时常充满艰难和挫折，甚至是失败和失落。

但即便不能如愿，学习和生活都要继续，与其因此而焦虑、失落，不如调整好心态，把目光放长远。

比如，告诉自己，学习是一辈子的事情，只要有健康的心态、良好的学习习惯、浓厚的学习兴趣，孩子以后必定有很多机会来弥补今日的遗憾。

把目光放长远，还应该注意选择适合于孩子和家庭情况的目标，不执着于资源有限、难以把控的事情，而更多地关注孩子的品行、身心健康、人际交往、社会适应能力，关注孩子的学习兴趣、学习习惯、学习能力以及爱好、特长的充分发展……这样做，可以挖掘自身潜力而不受资源局限，能让孩子走出自己的路并走得更远。关注这些因素，也许心中就会少些焦虑，多些信心和淡定。

寻找支持的力量

加入那些和自己有相同境遇和共同目标的群体，大家一起抱团取暖，分享信息、互相鼓励和支持。当感受到自己不是单打独斗，而是有一群人在一起奋斗时，心中会获得一份安定。

拓展自己的朋友圈。作为家长，所需要的帮助和支持是多方面的，一条信息、一句指点、一段时间的陪伴、一时的代为托管，甚至一件适用的二手用品，都是有益的。建立各种互助的关系，为自己编织一张紧密的社会支持网络，往往能在困顿之时获得奋起的力量，渡过难关。

善用身边的资源

　　家庭教育是生活教育，是在生活中随机进行的，家长需要能够识别生活中的各种教育资源并善加利用。

充分利用场馆资源

　　无论是单纯的遛娃，还是有意识地带孩子长见识，各种各样的博物馆、历史遗迹或著名建筑、运动场馆等，都是家长可以利用的资源。

　　就北京来说，就有西山永定河文化带、长城文化带、大运河文化带这三个文化带，有故宫、人民英雄纪念碑、国家体育场、国家大剧院等古今重要建筑，还有各种博物馆、动物园、植物园、主题公园和南锣鼓巷、大栅栏等文化特色街区。

善于利用社区资源

社区是一个可以帮助孩子认识社会的窗口。派出所、银行、邮局、医院、消防队等功能机构，餐馆、商场、超市、菜市场、小公园等服务场所，不仅维系着居民的日常生活与安全，也是孩子需要认识、了解及生活的地方。如这些机构或场所在社会运作、居民生活中的作用，设施、器材中的高科技、人性化元素，工作人员或从业者的工作状况、职责，等等。此外，小区或小公园里的动植物、娱乐健身场所或设施等，也都可以成为孩子学习、锻炼的资源。

精心挑选网络资源

各种形式的媒体，如书刊报纸、电视、网络等，都是家长常用的教育资源，尤其是网络资源。目前年轻的家长对于网络的利用驾轻就熟，利用率高。但网上的信息鱼龙混杂，需要认真甄别。尤其是给孩子的学习资源，更需要精心挑选出健康有益并适合于他能力水平的内容。

家长可以关注专业机构、专业人士的微信公众号，上面发布的信息质量比较有保障。另外，目前政府正在大力发展数字博物馆，可以带孩子用线上线下结合的方式来学习。

借助社会生活资源

各种社会生活事件常常涉及社会关系、国际关系、科技发展、历史等方方面面，所以也是引导孩子学习知识、培养习惯、形成观念的时机，是家庭教育可以借助的良好资源。

各种节日、纪念日、节气等特殊的日子，如国庆节、建党节、建军节、教师节、春节、清明节、端午节、中秋节等；城市、国家或世界的重要事件，如垃圾分类、醉驾入刑、奥运会举办、载人航天飞行等，都包含相关知识、观念等教育元素，而且各种媒体也都会配合推出相关节目，家长不妨带孩子一起参与活动、了解知识、共同探讨。

6~8岁

本阶段孩子身心发展

　　小学阶段是孩子心智德能全面发展的重要时期。其中，6~8岁的孩子一般处于小学低年级阶段，仍然具有较明显的学前儿童的心理特点。

体格发育

　　处于学龄初期的孩子，他们的身体发育处于平稳发展的阶段，骨骼骨化还未完成，骨骼组织含水分较多，含钙少，骨骼硬度小、韧性大，有弹性，易弯曲变形。因此，家长需要注意引导孩子形成正确的坐、立、行的姿势，尤其在写字、阅读方面，需要进行一定的训练，帮助他们养成良好的习惯。

心智发展

对于小学低年级的孩子而言，无意注意仍起着重要作用。不过，他们能够进行有目的、有针对性的观察了，可以按照成人提出的任务要求，有意识地进行感知和观察活动。

具体形象思维仍然占非常重要的地位。他们虽然已经开始学习一些简单的概念，但往往还不能指出事物的本质特征，仍然需要结合具体事物来进行理解。因此，在学习方面，尽量给孩子多多提供体验学习的机会，必要时还需要借助教具进行讲解。

个性和社会性发展

与幼儿相比，此时孩子的主要交往对象仍然是父母、老师和同伴，但交往的亲密程度和性质，发生了很大的变化。

与父母的交往时间变少，冲突也减少；父母对孩子的控制力逐渐减弱；与同伴的交往更为频繁，交往时间更多，交往形式也更为复杂。但这一阶段的孩子通常认为一起玩耍的伙伴就是朋友，还不能形成真正意义上的友谊；处于服从权威的阶段，对老师充满了崇拜和敬畏，认为老师的话是无可置疑的，甚至老师的话比家长的话更有威力。不过，随着年龄的增长，孩子的独立性和评价能力也在提高，逐渐形成系统的道德认识及相应的道德行为习惯，但这种认识仍带有很大的依附性，缺少原则性——主要依靠来自外部的力量，比如父母和老师制定的具体规定和监督。

一起健康、安全地生活

吃得营养又健康

毛毛和冬冬是同班同学，又是一个小区的邻居，两家经常一起玩。毛毛妈妈和冬冬妈妈每次见面都会聊孩子吃饭的事。毛毛妈妈发愁毛毛不好好吃饭，长得太瘦；冬冬妈妈担心冬冬超重影响健康。原来毛毛爱吃零食，导致吃饭的时候就没了胃口；冬冬特别爱吃肉，还喜欢喝甜饮料……

● 了解营养知识，为孩子提供均衡的营养

首先，家长要了解必要的营养知识，提倡全家人都做到均衡饮食。同时也要了解孩子和大人在营养需求方面的差别，为孩子提供适合他生长发育的饮食搭配。具体可参考中国营养学会发布的《中国学龄儿童膳食指南（2022）》。

有些家庭的早餐很简单，但也要尽可能提供充足的蛋白质（比如牛奶、豆浆、鸡蛋）、谷物（比如馒头、面包）和一些蔬菜、水果。包子、馄饨、三明治等食物里面有肉有菜，也是不错的选择。如果只喝牛奶、吃鸡蛋或者

稀饭、油条，营养就不够全面。

孩子中午通常会在学校吃饭，学校会提供营养配餐，家长应鼓励孩子不要挑食。有可能的话，可以了解学校的每日食谱，然后合理安排孩子在家吃的食物。

● **让孩子参与食物制作，增进对食物的了解**

带着孩子一起去购买食材，在购买过程中，告诉孩子如何挑选食材。然后让孩子在家里帮厨，参与食物制作。

如果有机会，还可以带孩子了解一些食材的生长、获取过程，比如去参观农业园，参加采摘等活动。利用这些天然的学习环境，带孩子认识和理解每种食材的特点、产地、被人类食用的历史，以及这些食物对我们健康的贡献、人体对食物的消化和吸收过程，等等。这样一方面可以提高孩子对食物的兴趣，同时还增长了知识。

● **带孩子了解食品安全常识**

关于食品安全知识，需要从日常生活入手，引导孩子去了解。

例如，告诉孩子哪些食物能够生吃，在冰箱里存放的食物哪些能拿出来直接吃，哪些必须加热后才能吃……

当食物变质的时候，带孩子了解哪些是变质的迹象，让他们知道不能吃变质的食物。比如，腐烂的水果和蔬菜、出现"哈喇味"的坚果、长芽的土豆……

另外，要教孩子查看食品的保质期。比如，带孩子看面包、酸奶、豆腐等的外包装，提示他们注意区分生产日期和保质期。可以发挥孩子的积极性，在买东西的时候让他帮忙算算要买的东西还有多少天过保质期。

这个年龄段的孩子对食品安全知识充满兴趣，他们一旦认可了，就会去严格执行。平时做饭准备食材的时候，也可以随时考考孩子，看看他记住了没有。如可以用请教的口吻发问："毛毛大厨，豆角可以生吃吗？"如果孩子回答正确，可以说："好嘞，听大厨吩咐。"如果孩子回答得不正确，可以提醒他："大厨，指南上说生吃豆角会中毒。"

给孩子科普食品安全知识，不仅是帮孩子获得健康生活的能力，还会增加大量的亲子沟通话题。

● **合理看待吃零食问题**

零食作为孩子营养的补充和快乐的来源，是可以适量吃的，关键要选好品种，合理安排零食和正餐。

家长可以和孩子一起学习《中国儿童青少年零食指南（2018）》，看看哪些种类的零食营养更好，哪些零食不能多吃。参照指南，结合孩子的喜好，和孩子制订一个零食计划。比如，对于孩子喜欢吃但属于"限制食用"的零食，可以和孩子商定每周吃一次或每月吃两次。还可以将定好的零食计划做成图表的形式，贴在放零食的柜子上，让孩子想吃零食的时候就看一看，尽量参照执行。还要教孩子吃零食的时间不要离正餐时间太近，以免影响正餐。

培养良好的卫生习惯

豆丁上学了。妈妈告诉他，他长大了，要自己刷牙、洗澡，不能再让妈妈帮忙了。刚开始的时候，豆丁兴致很高，做得不错，可是不久他就开始应付、偷懒，经常不洗澡、不刷牙，身上时不时有汗味儿，刚换不久的小牙齿也开始变黄。妈妈觉得要多督促一下豆丁了。

孩子六七岁以后，各方面的能力有了明显的提高，自我控制能力也进入较快发展的阶段，家长可以有计划地培养孩子自觉保持个人卫生的习惯，从监督执行逐渐过渡到孩子自觉执行。个人卫生习惯包括口腔卫生、身体清洁、大小便规律等多方面的习惯。

● **保持口腔卫生**

在幼儿阶段，由于能力有限，孩子一般需要在家长的帮助下才能刷干净牙齿。六七岁以后，孩子需要逐渐学会独立刷牙。为了帮助孩子掌握正确的刷牙方法，可以在卫生间张贴关于刷牙方法的挂图，或者让孩子通过观看相关视频来学习。

跟孩子说明，为了保证刷牙的效果，每次要刷 3~5 分钟，建议使用计时器计时。也可以要求孩子每个位置刷 8~10 下，边刷边数。另外，家长最好和孩子一起刷牙，以便相互监督提醒。

每次吃完东西后，要提醒孩子及时漱口。

● **做好身体清洁**

这个阶段的孩子要学着自己独立洗澡、洗头、换衣服。

父母可以适当帮助孩子。比如教孩子如何调节水温、如何擦洗后背等不易擦洗的部位，教孩子按照一定的顺序把全身都洗到，还要告诉孩子一些需要重点清洗的部位，如脖子、胳肢窝等，并教孩子如何清洗隐私部位。

● **规律大小便**

一般而言，饭后因为肠胃蠕动增加，更容易有便意。家长可以尝试让孩子在餐后固定的时间排便，形成习惯。如果固定排便时间比较困难，也没有关系，提醒孩子有了便意要尽快排便，不要因为贪玩而憋着不去大小便。

在孩子排便的时候，不要让他看书、玩玩具，要让他专心排便，避免排便时间过长。在这方面，家长要做好榜样，排便的时候不要玩手机。

平时注意合理饮食，少喝含糖饮料、多喝白开水，少吃油腻食物、多吃蔬菜水果，适当吃一些粗粮。

让孩子适量活动，每天进行 1 小时左右的体育运动。适度的活动有利于排便。

● **勤换寝具**

一般来说，寝具需要 2~4 周更换一次，同时可根据季节、孩子出汗多少等具体情况灵活处理。

家长可以把换洗寝具变成全家的清洁行动。和孩子商量好，按照更换周期在日历上标注更换寝具的时间，由孩子来监督、提醒全家按时更换。更换的过程中，也要让孩子参与。比如教他拆换床单、被罩，一起翻晒被褥、枕头，一起收拾洗净晾干的寝具。

● **坚持并养成习惯**

习惯的养成重在坚持。为了帮助孩子坚持讲卫生、爱清洁，家长可以尝试以下方法：

⊙ 带孩子一起去购买相关用品，给孩子配备适合他使用的儿童产品。照顾到他的喜好，可以增加他坚持的动力。比如，让他挑选自己喜欢的图案、面料等。

⊙ 实行积分奖励制度。和孩子商量积分的规则，将积分表贴在房间，孩子攒够积分后就可以满足他的一个愿望。

⊙ 增强孩子在相关方面的愉悦体验。引导孩子体会讲卫生带来的舒适感，激发孩子掌控自我的成就感。比如，更换寝具后，提醒孩子感受干净床单、被罩的舒适馨香。

⊙ 营造讲卫生、爱清洁的家庭氛围。家长自己要注意个人的清洁卫生，和孩子相互监督提醒，并带领全家行动。

规律作息，精力充沛

　　每天早上，雯雯妈妈做早饭之前就去叫雯雯起床，可常常早饭做好了，雯雯还在床上赖着。于是，雯雯妈妈着急地把雯雯从床上拽起来，催着她洗漱、吃早饭。有时眼看上学就要迟到了，雯雯只能胡乱往嘴里塞点吃的就匆匆背上书包，冲出家门……雯雯妈妈觉得总是这样可不行。

● 合理安排时间，按时睡觉

　　要想孩子早上能够按时起床，就得让他晚上按时睡觉。

　　家长要和孩子一起协商，把每天放学后到晚上睡觉前的时间安排好，最好做个时间表，把孩子需要做的和想要做的事都安排在适当的时间段里。包括但不限于：

　　⊙ 完成学校任务。书面作业、口头作业、老师规定的课外阅读、查资料、音视频录制、手工制作等。

　　⊙ 做家务。帮助家长准备晚餐、收拾房间、收拾书包等。

　　⊙ 兴趣以及娱乐活动。弹琴、画画、打球、玩游戏、看电视等。

　　⊙ 洗漱。确定孩子上床睡觉的时间，倒推孩子应该开始洗漱的时间。

　　有些事情不一定每天做，可以注明在哪天做。比如：每周一、三、五弹琴，二、四、六打球，周日玩游戏……

　　给学校任务留出充足的时间，尽量优先完成，并安排一个检查机制，避免快要睡觉的时候突然想起某件事还没做而耽误睡觉。

　　另外，睡前不要安排会让孩子过于兴奋的活动。睡前的流程尽量保持固定，有助于形成良好的睡眠习惯。

● 按时起床，愉快地开启新的一天

　　愉快地起床，从容地吃早餐，每天给孩子一个良好的开端。起床时间要根据孩子出门上学的时间倒推。起床后的主要活动有穿衣、整理床铺、洗漱、

吃早饭，有的孩子也许还有晨练。注意要给孩子留出充足的早餐时间。

一般而言，如果晚上入睡时间合适，夜里睡眠充足，按时起床应该不是问题。如果孩子早上总是起不来，家长首先要考虑一下是不是孩子睡眠时间不够，可以试试将上床睡觉的时间提前；如果孩子只是需要一个清醒的过程，可以教孩子通过活动手脚的方式让自己清醒，也可以播放歌曲、故事或其他孩子喜欢听的内容；如果孩子早上能够醒来但就是不想起床，家长需要了解孩子对上学是否有抵触情绪（比如成绩不理想、受到老师批评、和同学有矛盾等），有针对性地加以疏导。

一定要培养孩子睡前准备好第二天上学的书包以及衣服的习惯。同时，要训练孩子起床后穿衣、叠被、洗漱的速度。如果能缩短这部分时间，就还可以多睡一会儿。另外，家庭成员洗漱的时间要注意错开，避免增加等待时间。

● 节假日尽量保持正常作息

节假日最好和平时差不多，尽量避免过于晚睡晚起。不然打乱生物钟，回到上学日孩子还要重新适应。如果假期较长，孩子的作息发生了变化，要在开学前一两周就恢复上学时的作息。

这方面家长要以身作则。家长平时上班辛苦，往往希望在节假日补补觉，但是建议最好晚上早点睡，而不是早上睡懒觉。

科学用眼，保护视力

因为妈妈工作忙，端端大部分时间都跟着姥姥。最近妈妈发现端端看东西时喜欢眯眼睛，于是在一个育儿群里询问，有人建议去医院查查视力，有可能是近视了。妈妈带端端去医院一查，发现小小的孩子居然都近视200多度了……端端妈妈很后悔之前没有好好关注孩子的视力问题。

目前，近视低龄化现象越来越严重。护眼的重要性毋庸置疑，家长要和孩子讨论保护眼睛的重要性，让孩子能够自觉地爱护眼睛。孩子可能不理解近视带来的问题，甚至认为戴眼镜好看、有风度，家长要引导孩子了解近视的危害，并采取正确的措施，帮助、引导孩子科学用眼，保护视力。

● **配备合适的桌椅和台灯**

合适的桌椅可以让孩子有良好的坐姿，保证眼睛和书本之间有合适的距离，避免孩子趴着或歪坐着看书写字。合适的台灯可以提供适当的光线，使眼睛不容易疲劳。

● **控制连续用眼时间**

告诉孩子，避免眼睛过于疲劳，最好的办法就是不要连续用眼时间太长。比如，看书、写字最多1个小时就要休息一次；看屏幕（电脑、手机、电视）二三十分钟就要休息一次。休息的时候可以看远处，或者做一些身体运动（做做操、到楼下溜达一圈、扫扫地等）。家长也可以和孩子做一些简单的游戏，比如抛接球，既活动了身体，也放松了眼睛。

● **合理安排使用电子产品的时间**

看电子屏幕的时候，眼睛更容易紧张、疲劳，所以要控制孩子看屏幕的时间，每次不超过半小时，每天最多不超过2小时，越少越好。做到这一点，需要家长重视以及耐心监督。比如，和孩子一起约定使用电子产品的时间，并严格执行约定。同时，要和孩子把道理讲明白，帮助孩子理解长时间看屏幕以及久坐会给他带来很多危害，不仅会导致近视，还可能导致颈椎病、肥胖等。

● **多晒太阳多运动**

研究表明，每天2小时的户外活动，多晒太阳，可以降低近视发生率。因此，需要多安排孩子进行户外活动。大多数孩子都喜欢户外活动，但也有一部分孩子不愿意出门。家长一方面要给孩子讲道理，另一方面也要尽量安排一些有趣的活动吸引他走出家门。

● **重视定期视力检查**

对于小学生，建议半年到一年检查一次视力。定期检查视力，发现异常及时就医。除了定期给孩子检查视力，家长平时也要注意孩子用眼时的状态。如果发现孩子看东西时喜欢凑近看，或者眯眼看，就要带孩子去做检查。如果孩子有假性近视，要按照医生的建议尽早干预，避免转成真性近视。如果孩子已经发展成真性近视，就要及时配眼镜，减轻孩子眼疲劳，延缓近视的发展。

科学用脑、护脑

璇璇和小武在同一个学校上二年级。小武妈妈发现，璇璇每天放学后都在外面玩挺长时间，跳绳、轮滑、踢球，和小朋友们追追赶赶，玩得不亦乐乎，但各科成绩都特别好……于是，她向璇璇妈妈请教学习方法。璇璇妈妈提到其实多运动对大脑发育有好处，学习起来更轻松。

伴随着我们使用大脑的过程，大脑一直都在重塑，不断在变化。对于孩子来讲，更是如此。在保持大脑健康方面，家长需要了解如何多角度、全方位去滋养孩子的大脑，引导孩子在营养、睡眠、学习等方面学会科学护脑、健康用脑。

● **注意营养均衡**

不要盲目期待某种灵丹妙药可以改善孩子的大脑。实际上，一日三餐均衡的饮食能给身体提供全面的营养，对大脑也是最好的选择。特别注意早餐一定要让孩子吃好，避免上午时孩子的大脑营养不足，影响听课。

● **保证睡眠充足**

这个年龄段的孩子睡眠一般不要少于 10 个小时，比如从晚上 8 点半到早上 6 点半，有条件的话，中午最好也休息一会儿。休息好了，才能有充沛的精力学习，学习效率才会高。

● **控制学习时长**

这个年龄段的孩子集中注意力的时间在 15~20 分钟。所以，每学习最多三四十分钟就要让孩子休息一会儿。否则即使他人坐在那儿，注意力也没有集中在学习上。观察孩子，看看他通常能够集中注意力多长时间，超过这个时间或者发现他注意力不集中了，就要让他起来活动一会儿再学习。

另外，家长要真正认识到，运动有利于大脑保持良好的状态。所以，给孩子留出运动时间，尤其是多进行户外活动，能够提高学习效率。

● **合理穿插各学科的学习**

数学、语文、美术、音乐、体育等不同的学科使用的大脑区域有所不同，合理安排，穿插着进行学习，能让大脑更好地工作，增强学习效果。

● **避免过度紧张**

适度的紧张有助于孩子集中注意力，提高学习效率。但过度紧张就会让孩子的思维受到抑制，降低学习效率。因此，在孩子学习的时候，家长尽量不要在旁边唠叨、批评，更不要与孩子发生冲突。如果孩子成绩不太理想，家长需要有耐心，帮孩子找找原因，找到方法，让孩子对学习有信心。

● **鼓励人际交流**

人际交流是会影响大脑的。因为人际交流对大脑的挑战很大，需要语言中枢、情感中枢、逻辑思考中枢、控制动作和表情的中枢等一起协调工作，所以鼓励孩子多多进行人际交流，也有助于孩子的大脑发展。

● **注意安全，保护大脑**

带孩子了解一些常识。比如，避免外力对大脑的撞击，在遇到危险情况时如何保护大脑不受伤；如何避免来自环境的重金属污染、空气污染以及过敏或炎症等对大脑的伤害，等等。

提升安全意识，培养应急能力

乐乐和欣欣是邻居，分别上小学一年级和二年级，他们经常互相串门。有一天，双方家长都以为孩子在对方家里。过了两三个小时欣欣才回家，妈妈发现他膝盖磕破好大一块皮。原来，俩孩子没跟家长打招呼就去了附近的公园。后来欣欣摔了一跤，磕出血了，但俩人还继续玩了两个多小时才回家。

这个年龄段的孩子活动能力变强，对成人的依赖也逐渐减少，很多时候会离开家长的视线范围。虽然在幼儿阶段，家长可能已经教过孩子很多安全知识，那么现在需要观察孩子是否能做到，并进行必要的强调、提醒。

● 注意交通安全

乘坐公交车、地铁时，告诉孩子不要随意在车里走动；上车时不要和别人抢着上，下车时一定要等车停稳再下；提醒孩子注意看车里的警示语，和他一起讨论如果不遵守相关规则会发生什么后果。乘坐私家车时，在车辆行驶过程中，要求孩子在座位上坐好，系好安全带……

小心机动车。告诉孩子从机动车周围经过要很小心，不要从离车太近的地方走过，因为孩子个子小，司机可能看不到。即便是从停着的车旁边走过时，也要注意保持距离，以免有人从里面开车门或者车辆突然启动导致发生危险……

另外，不要让孩子骑车上马路。很多孩子上学以前就已经会骑自行车了，但是，为了保护孩子的安全，《中华人民共和国道路交通安全法实施条例》规定，12周岁以下的孩子是不可以骑自行车上马路的。因为孩子生理、心理发育都还不够成熟，不能很好地防御道路上的危险。如果骑车，可以选择没有其他车辆、比较空旷的地方，注意避让行人，特别是遇到老人和小孩时，一定要减速慢行。

● **注意公共场所的安全**

留意安全通道。家长带孩子去各种公共场所（电影院、博物馆、商场、图书馆等）要留意相关安全通道的提示——通常是一张平面图，要教孩子学会看图，告诉孩子什么情况需要走安全通道。最好按照图示带着孩子实地考察一遍。

安全乘坐电梯。带孩子乘坐直梯时，随时告知孩子乘电梯的注意事项，直到他能自觉遵守。比如，等电梯时不要正对着电梯门，以免被里面出来的人撞到；如果没有人出来，要确认轿厢在里边再进入；不要进入人太多的电梯，以免因为拥挤发生危险……另外，还要引导孩子观察紧急电话的位置，告诉孩子遇到紧急情况（如电梯门打不开或停在半途）如何求助。乘坐扶梯时，提醒孩子扶好扶手，不要乱动，上下扶梯时注意脚下。

户外活动时注意避险。对于这个年龄段的孩子，仍然建议家长陪伴出行。告诫孩子，不要在没有家长陪伴的情况下出去，即便和同伴一起也不行——这一点要特别提醒孩子。但家长可以根据小区及周边的情况和孩子的能力，逐渐放手。在这个过程中，家长要让孩子清楚地了解户外可能存在的危险。带着孩子分析小区及周边环境，比如，画一张简单的示意图，和孩子一起把安全（适合活动）、不太安全（需要注意）和危险（禁止活动）的区域用不同颜色标出来，引导孩子理解并记住。反复提醒，一直到孩子记住并能主动据此约束自己的行为。

在约定的区域和时间内玩耍。每次孩子出去玩都要和家长说好时间和地点，并按时回家。告诉孩子不管任何原因（自然灾害除外），如果要离开约定区域或不能按时回家，一定要及时和家长联系（如遇自然灾害，先逃生，安全后第一时间联系家长）。

警惕危险的人。告诉孩子不要跟任何人（包括熟人）离开小区，未经家长同意不要去别人（包括熟人）家里。不要告诉陌生人自己的名字、住址等个人信息和家庭信息。可以给孩子讲一些案例（拐骗、猥亵等），帮助孩子提高警惕性。提醒孩子提防那些霸道的孩子，尽量不要和他人发生激烈争执，感到有威胁时可以尽快回家或者跑到有其他孩子家长的地方。

遇到困难会求助。孩子外出时，最好佩戴智能手表。这样便于家长掌握孩子的行踪，也便于孩子跟家长联系。同时也要让孩子熟记家长的电话号码，必要时可求助他人和家长联系。告诉孩子，如果遇到意外情况，首先保证自己的安全，如能联系家长要马上和家长联系，同时向周围的大人求助。比如，有些事情可以找小区的保安、物业人员解决。必要的时候可以打110、119、120等求助电话。家长需要和孩子聊聊面对不同情况分别应该怎么办，还可以和孩子玩模拟游戏练习求助方法。确认孩子能准确说出自己家的地址。

安全地玩耍

一鸣特别喜欢看武侠电影，自己也经常学着电影里人物的武打动作，比比画画。有一天，他从花园的台子上"飞身"跳下，一下没站稳，跪在了地上，结果裤子破了，腿也蹭破一大块皮……像这样的事，隔三岔五就会发生一次。一鸣的妈妈既心疼，又担心。

玩游戏是这个年龄段孩子的基本需求，但他们仍缺乏相关安全常识，家长需要帮助孩子建立行为安全底线意识，让孩子明白，在玩游戏时，最先要考虑的就是保证人身安全，包括自己的安全和小伙伴的安全。对于这个年龄段的孩子来说，很多时候他们需要通过直观的方式去理解。家长可以结合具体的场景或者视频，加上动作模拟、示范的方式，让孩子直观地认识到哪些游戏或者行为有可能会给人体带来伤害，以及让孩子认识到哪些身体部位需要重点保护、发生危险时如何保护等。

● **明确有些物品不能玩**

小孩子好奇心强、玩心重，家长需要帮助他们认识到有些东西是不可以当玩具玩的。比如：不要玩火。为了应对孩子对火的好奇，可以在安全的情况下带孩子做一些小实验，让孩子了解火，满足他的好奇心。同时，需要用图片、视频等让孩子明白火灾的严重后果。顺便告诉孩子一些用火、防火、灭火的知识。家里的打火机、火柴等物品要妥善保管，不能让孩子随便拿去玩。

不要玩锐利的东西，如剪刀、长棍子等。用正确的方法使用剪刀等工具，不要将其当玩具。如果孩子喜欢模仿武打的动作，可以给他准备充气的棍棒，或者严格要求他只能对着建筑物、大树等比画，一定不能和小朋友对打。

● **明确有些游戏不能玩**

孩子们在一起会玩各种各样的游戏。家长需要留心观察，及时提醒，明确制止一些游戏。比如：不要进行危险的追跑。在安全的空间里（比如操场）适度的追跑是可以的。危险的追跑是指：所处环境不安全，比如人多的地方、有车辆通行的地方、地形复杂的地方等；方式不安全，比如穷追猛跑，孩子因为速度过快或疲劳极易发生危险。如果孩子喜欢玩追跑的游戏，和他一起聊聊追跑可能会产生哪些危险的后果，并让他自己总结出安全追跑的游戏规则。

不要在小区里赛车。自行车、滑板车、平衡车……无论什么车，速度快了必然很危险。还有扔石子、扬沙子，在居民楼附近踢球……都可能发生危险。日常生活中，家长需要充分了解孩子当前玩游戏的大致类型及场合等，自身先建立安全意识，不要大意，才能意识到对于孩子来说潜在的安全问题，然后帮助孩子做好应有的准备，防患于未然。

还有，在无防护的情况下爬高、从高处向下跳、在坚硬的地面上摔跤、用身体部位撞击坚硬物体、打闹中对（被）小伙伴强拉胳膊、搂脖子、捂住口鼻、击打头部……这些都属于危险的游戏。如果发现自家孩子比较喜欢这类游戏，一定要事先和他讲明危害，防患于未然。帮助他把握打闹的分寸，教他如何做到不伤害别人以及避免被别人伤害。

● **教孩子安全接触动物**

现在的孩子有很多机会接触动物：自己家或者邻居、同学家饲养的宠物，动物园里的动物，周围流浪和野生的动物……在接触动物时，要让孩子树立尊重动物、保护自己的观念。

善待家养宠物。每种宠物都有自己的生活习性，要让孩子了解宠物的特点，正确地喂养。不要做动物不喜欢的事情，比如随意拍打、抓捏、恐吓、追赶、强硬喂食等，避免因惹恼宠物而被宠物伤害。

谨慎接触陌生动物。可以问问孩子，"如果路上遇到一个陌生人，突然要来摸你，抱你，你是什么感觉"。告诉孩子动物也会因触碰感到不舒服、害怕，然后出于本能就可能伤害人。所以，遇到陌生动物，不要马上接触。即使孩子有饲养动物的经验，也要先在一旁观看，但注意不要和动物直接对视，以免引起动物的敌意。对于家养的动物，如果很温驯，可以征求主人的意见，在主人允许的前提下进一步接触动物。不过，如果孩子没有饲养动物的经验，最好不要触碰任何动物。另外，对于流浪和野生的动物一定不要碰。特别是夏天外出时，尽量远离各种动物。

预防狂犬病。狂犬病非常凶险而且目前无法治愈，只能预防。告诉孩子，猫、狗都是会传播狂犬病的。所以，如果被猫、狗抓伤或咬伤，一定要马上告诉家长。这里家长要特别注意，有些孩子往往会因为害怕被家长批评，而对家长有所隐瞒。万一孩子因淘气被猫、狗所伤，为了避免给孩子带来更多的伤害，切忌指责孩子，要第一时间正确处理——先认真冲洗伤口，然后及时带孩子去医院请医生处理，回家后再耐心跟孩子探讨以后如何避免同样的情况发生。

● **重视网络游戏中的安全问题**

孩子可能已经或者即将开始玩网络游戏。在防沉迷的同时，家长还要帮孩子建立安全意识。首先，家长需要了解网络游戏中可能存在渲染血腥暴力、传播低俗内容、设置消费陷阱等问题，帮助孩子了解一些网络游戏是通过什么方式危害儿童的，引导孩子建立自我安全保护意识。其次，因为孩子的甄别能力毕竟有限，家长需要多多留意并及时制止问题的发生。

一起打理家务

餐前餐后，愉快帮忙

　　周末，涵涵妈妈带涵涵去大姨家串门。涵涵的表哥丁丁比涵涵大一岁，今年上二年级，两人一见面就开开心心玩起来。中午，两位妈妈准备去厨房做饭，丁丁也跟着往厨房走。丁丁妈妈说："今天我和你小姨做饭，你就陪着妹妹玩吧。"涵涵妈妈问："丁丁平常还帮忙做饭？"丁丁妈妈说："是啊，他能帮着干不少活儿了呢。"……开饭前丁丁熟练地帮忙摆好碗筷，饭后又主动帮着收拾。看着丁丁这么能干，涵涵妈妈心生羡慕。

　　因为厨房里有明火、刀具等一些有一定危险的物品，所以在孩子小的时候，很多家庭是不让孩子进厨房的。到了七八岁，孩子对危险已经有了一定的认识，对自己的动作也能控制得更好，厨房就不再是孩子的禁地。在提醒孩子注意安全的前提下，孩子可以参与餐前准备、餐后收拾以及食物制作过程中的很多工作。

● **参与简单的食物加工工作**

这个年龄段的孩子可以参与一些简单的食物加工过程。开始时家长可以和孩子一起做，边示范边给孩子讲解要领。孩子学会后也可以让他独立完成，但要注意给孩子留出足够的时间，让他能从容地完成任务。

⊙ 准备食材：可以让孩子学着择豆角、剥蒜、剥豌豆；可以让他承担将某些蔬菜掰成小块的任务，比如圆白菜、菜花、四季豆等；如果孩子愿意，也可以尝试搅拌加好调料的肉片。

⊙ 拌菜：拌凉菜、水果沙拉时可以让孩子负责搅拌。教孩子动作要慢，每次翻动的食材要少些，以免把调料和食材溅出来。

⊙ 摆果盘：可以让孩子把切好的果块和小个的水果在盘子里摆成好看的图案。鼓励孩子自由发挥，也可以从网上找一些相对简单的图案供孩子参考。

⊙ 面点造型：在制作馒头、花卷、饼干等面点时，可以让孩子参与造型的过程。可以让孩子发挥创意，用手直接捏，也可以使用一些模具。

如果孩子做事比较小心，也可以让他学着用较小的刀切黄瓜、苹果等比较好切的食材。父母要认真地教孩子刀具使用方法，保证孩子不会切到自己，并且为了以防万一，不要让孩子使用太锋利的刀。

● **餐前准备、餐后收拾**

就餐前，根据各自家庭的情况，让孩子参与擦桌子、铺桌布、摆放餐垫或隔热垫、摆放餐具等。

饭菜做好后，在确保安全的前提下，可以让孩子帮忙把饭菜端到餐桌上。不过，毕竟孩子小，盛较多汤水的、温度较高的、较重较大的碗都不宜让孩子拿，以免发生意外。

餐后可以让孩子和大人一起收拾餐桌。包括收拾餐具送到厨房、把桌上的垃圾集中到一个容器里，用抹布擦桌子等。大人要给孩子示范讲解操作要领，比如擦桌子的方向等细节。孩子做的时候，大人要在一旁耐心指导、鼓励。

在清洁餐具方面，可以让孩子先学着洗比较好洗的碗，比如装水果的碗。等孩子动作熟练之后，再教他洗其他碗。耐心指导孩子什么情况需要用热水，什么情况需要先泡一泡，等等。因为孩子手比较小，可以只让他洗一些个头小的碗。如果家里使用洗碗机，可以教孩子把用过的餐具正确地放到洗碗机里。

孩子很可能会打碎碗，对于这一点，家长要有心理准备。万一发生这种情况，千万不要斥责孩子，首先要一边安慰孩子一边检查孩子是否受伤。在确认孩子没事后，再带着孩子一起收拾，教孩子怎样收拾才不容易受伤，以及怎样处理这类垃圾——这也是一个很好的学习过程。收拾好以后，家长可以和孩子一起分析摔碎碗的原因以及避免的方法，让孩子有信心以后会干得更好，不会因为害怕而不愿意再干。

积极打扫卫生

浩浩妈妈买了一个新的旋转拖把，浩浩觉得转拖把很好玩，就上前帮忙。看浩浩干得起劲的样子，妈妈就耐心地教他如何洗净、甩干拖把。甩干之后，又教他如何用拖把擦地。虽然浩浩擦地并不熟练，但妈妈还是使劲夸奖了他。有好玩的拖把，又能得到妈妈的夸奖，浩浩擦地的积极性可高了，每天都乐意给妈妈帮忙。

● 准备适合孩子使用的工具

孩子个子小、手小，一些适合成年人使用的工具对他们来说可能并不方便。比如，抹布如果比较厚或比较大，孩子就不容易搓洗干净；拖把杆太长，孩子也不好操作……这些都容易让孩子打退堂鼓。所以，如果想培养孩子做家务的习惯，建议准备方便孩子使用的工具。

● **教孩子擦家具、擦玻璃**

在擦拭家具之前，家长可以先带着孩子观察家具表面的灰尘，不然孩子可能会觉得家具上面并不脏。选择孩子够得着的部位让孩子擦，比如桌子腿、椅子腿等。耐心地告诉孩子，擦的时候要按顺序从一边擦到另一边，不要有遗漏，抹布脏了要及时清洗，不然越擦越脏。擦完之后需要检查是不是都擦干净了。

教孩子擦室内的玻璃（如书柜的玻璃门）和镜子。可以给孩子演示仅仅用湿布擦过的玻璃会花，要用干布再擦一遍才会干净。也可以给孩子提供干布和湿布，引导孩子自己摸索怎样擦最干净。

● **教孩子扫地、擦地**

每个家庭扫地、擦地使用的工具各不相同，要结合自家的实际情况耐心教孩子使用。比如，如果拖把杆比较长，先看看是否能调节到适合孩子使用的长度。如不能，要嘱咐孩子注意握住比较靠后的位置，以免碰到其他人或物品。和擦桌子一样，擦地也要按顺序从一边擦到另一边，不要有遗漏。告诉孩子擦不同材质的地板对拖把的干湿度要求不一样，比如擦木地板就不能太湿，等等。

● **教孩子洗杯子、洗衣、刷鞋**

告诉孩子应该经常清洗水杯。可以和孩子约定一个请他参与的固定清洗时间，比如每周日早餐后。如果用杯子喝过白水以外的其他饮料，要在喝完之后马上清洗。可以教孩子使用杯刷刷杯子的方法。

在洗衣服方面，一开始可以教孩子手洗一些小件衣物。在自己洗的时候带着孩子一起，让孩子模仿。告诉孩子洗衣液的用量以及一般要清洗几次等。

至于刷鞋，可以先从比较容易刷的拖鞋开始。教孩子用鞋刷把鞋子的各个面都刷到，必要的时候使用一些洗涤剂，然后再清洗干净。

● 创造愉快的劳动氛围

在做卫生的时候可以和孩子一边聊天一边干活儿，也可以放一些轻松愉快的音乐。劳动结束之后，和孩子一起欣赏劳动成果，让孩子感到做家务是一件愉快的事。

在整个劳动过程中，别忘了见机夸奖他的积极参与、认真努力以及能力的提升，让孩子有成就感。待孩子学会一些技能后，可以和孩子做个分工。可以按项目分，比如谁负责擦家具，谁负责扫地；也可以按房间分，比如让孩子负责打扫自己的房间；等等。分工的时候，可以根据自家的情况，和孩子一起商量决定。这样有利于孩子目标明确地完成自己的工作，逐渐养成爱劳动的好习惯。

收拾书包和整理房间

毛毛上学总是忘记带东西，今天忘了带语文书，明天忘了带作业本……为这没少挨老师批评，还老辛苦家人给送到学校。家长会的时候，老师嘱咐毛毛妈妈一定要帮孩子改掉这个毛病。

● 自己的书包自己收拾

孩子上学后，就要开始学习收拾自己的书包。家长可以和孩子一起把上学要带的东西分成几类，比如：教材、作业本、文具、红领巾等，分清哪些是每天都要带的，哪些是根据当天作业和第二天要上的课准备的。可以做成一张表，每天按顺序准备这些东西并检查。

第一阶段，家长带着孩子一起收拾。

第二阶段，孩子自己收拾，家长在一旁监督。

第三阶段，孩子独立完成，家长检查。

如果孩子经常忘记某样东西，可以和他一起商量个办法，比如调整收拾的顺序等。经过一段时间后，家长就可以逐渐放手让孩子自己收拾书包了。不过，如果某天有特殊的东西需要带，家长还是要酌情提醒一下。

● **慢慢学习收拾房间**

收拾房间，主要是将物品以适当的方式放到适当的位置，让房间看起来整齐舒适。比如，将图书按照从高到矮的顺序，书脊朝外，整齐地放到书架上。而这些适当的方式和适当的位置，是需要家长在和孩子一起收拾的过程中一点点教给孩子的。孩子上小学之前，应该学会收拾自己的玩具；上小学以后，要逐步学会收拾整个房间，包括自己的书桌、书柜、衣柜等。

开始时，家长应该带着孩子一起收拾，告诉他收拾的方法和标准。然后，从易到难，让孩子一步步独立完成。根据家里的具体情况，和孩子商量从哪里开始。比如可以先收拾书桌，一起想想哪些东西可以摆放在桌子上，如何摆放。在收拾过程中，要避免孩子把物品随意地塞到某个抽屉或收纳箱（盒）里。如果孩子记不住该怎么摆放，家长可以多陪孩子收拾几次，也可以贴标签作为提示。总之要让孩子能够明确自己的任务并能胜任。

和孩子约定每天学习之后要主动把书桌收拾好。如果孩子能自觉收拾，一定要鼓励和表扬；如果孩子忘记收拾，也不要批评孩子，可以适当提醒或跟孩子商量一个能让他不忘记收拾的办法，比如在孩子容易看到的地方设置一个提示牌，上面写一句提醒的话或者画一幅提醒的漫画。

收拾书柜或书架时，可以教孩子把书分成若干类，放在不同的区域。同一个区域里，可以按照书的大小顺序摆放，这样既美观又便于查找。

　　收拾衣柜时，教孩子把当季穿的衣服放在方便拿的位置。和孩子一起讨论如何将衣服分类摆放，比如在家穿的和出门穿的、上衣和裤子等分区摆放。然后根据衣柜的尺寸确定把衣服叠成什么形状，并带孩子尝试如何将各种衣服叠成合适的形状。

一起恰当使用媒介

走进丰富的媒体世界

豆丁正式成为一年级的小学生了，每天回家都会兴奋地和爸爸妈妈分享学校里的事。有一天他告诉爸爸妈妈，老师带大家用平板电脑和触屏笔完成了一幅漂亮的作品。爸爸妈妈表扬了豆丁，同时也意识到平时家里的平板电脑用途太娱乐化，只是用来看看动画片或者短视频，并没有给孩子更多学习或者生活上的帮助，是时候让豆丁系统了解一下各种媒介的用途了。

进入小学，孩子开始初步感受到学习知识的乐趣，慢慢培养学习习惯。学习知识的方式是多样的，使用不同的媒介来辅助学习，提升孩子的媒介素养，已经是公认的有效方法。

生活中各种媒介的使用更多偏重于娱乐、社交方面。家长要在注重提高自身媒介素养的同时重视孩子的媒介素养培育，多多指导和陪伴孩子，让孩子去感知媒介，了解媒介的类型和功能，培养他们健康积极的媒介接触习惯。

一般而言，得到正确指导的孩子在使用各种媒介时更有自觉性，更能熟练地获得和理解媒介信息。

● **了解不同媒介的功能**

常见的媒介类型包括报纸、杂志、图书、电影、广播、电视和互联网（涉及电脑、平板电脑、智能手机、智能手表等各种设备）等。在孩子的学习和生活中，媒介拥有工具属性，具备多种功能。

首先是学习功能。图书是人类的精神食粮。如果孩子已经有良好的阅读习惯，那么家长要鼓励他保持，并逐步从学前阶段的亲子共读过渡到自主阅读，但不必操之过急。如果孩子之前不太喜欢阅读，那么从现在开始耐心陪伴，认真培养阅读习惯也来得及。家长可以经常带孩子去图书馆或书店，带他了解各种各样的图书，鼓励他多多阅读。另外，在学前阶段，孩子一般主要阅读的是故事类的绘本，那么进入小学以后，家长可以有意识地增加一些非虚构（比如科普类）的内容。

电视节目类型多样，孩子不能只局限于娱乐性观看。家长可以有意识地引导孩子观看知识型节目，如纪录片、知识类动画片等。

广播能够调动孩子的听觉学习，尤其在传统广播和互联网媒体融合的今天，很多播客平台都为孩子提供了丰富的学习资源。

当代儿童作为互联网原住民，需要掌握从互联网中学习的方法。比如，在家长的陪伴和帮助下，通过搜索引擎等电脑软件或者手机应用程序（如电子词典、唐诗学习 App 等）实现资料查询、知识学习。

一般来说，现在的孩子对于报纸和杂志往往不熟悉，但这两类媒体形式仍然有其价值所在，同样有利于孩子的学习、成长。家长可以带孩子去报刊亭看一看，感受一下报纸和杂志承载的内容。比如，简单了解报纸和新闻的关系以及杂志针对性强的特点。

其次是社交功能。如今的社交媒体具有文本交流、图像交流、语音交流、视频交流等功能，能够实现实时通信，打破了地域限制，将沟通变得更加方便、快捷。但人与人之间面对面的沟通、交流具有非常重要的意义，所以在教会孩子使用这类媒体的同时，也要有意识地鼓励、推动孩子进行现实中的社交。

对于孩子来说，媒介的其他功能还包括娱乐功能和安全功能等。娱乐功能自不必说，一些智能便携式终端还具有安全功能。比如，智能手表可以让家长获得孩子的实时定位，更有利于保护孩子的安全。

合理安排媒体使用时间

豆丁最近迷上了搞笑类的短视频，每天都要看一看才睡觉，经常不知不觉半小时过去了，甚至有时候他还会用提前完成作业来交换看手机的时间。豆丁妈妈担心他是不是有网瘾了，多次批评他不仅没有效果，亲子关系反而更紧张了。

很多家长一看到孩子使用网络的时间过长，就担心孩子是不是网络成瘾了，其实很多时候孩子并未达到成瘾的标准。家长需要警惕孩子网络成瘾的问题，防患于未然，但也不用反应过度。

● **测一测：孩子是否网络成瘾了？**

下面是用于监测个体是否存在网络成瘾行为的常用量表——金伯利·杨的网络成瘾量表。家长可以试试依据这个量表评估一下自己和孩子的情况。

⊙ 是否感到生活总是被网络占据（想着上一次上网的情形，或期待着下一次上网）？

⊙ 是否觉得自己在吃饭之前上网的时间越来越长？

⊙ 是否多次试图限制或者控制上网时间，但都没成功？

⊙ 当试图限制或者停止网络游戏的时候，感觉疲惫、虚弱、抑郁或易怒吗？

⊙ 上网时间比预计的要长吗？

⊙ 是否因为上网而损害了与其他人的关系、工作及职业机遇？

⊙ 为了能更长时间地上网，是否会欺骗家人、医生或者其他人？

⊙ 是否把网络作为逃避日常生活中各种问题或者排除负面情绪（内疚、焦虑、抑郁、孤独）的方式？

对以上 8 个问题，如果有 5 个或 5 个以上的肯定回答，就要警惕可能已经出现了网络成瘾症状，要及时进行干预了。另外，我们也可以通过"ABC 法则"对孩子是否存在网络成瘾问题有一个初步的判断。

⊙ A（Affection）指的是情感方面，比如当孩子减少或者停止使用网络后，他的情绪是否会变得很糟糕（如暴躁或易怒），需要通过增加网络活动才能有所好转；

⊙ B（Behavior）指的是行为方面，比如孩子是否宁愿上网娱乐也不愿意与别人在现实中交往，或者孩子是否会因为上网的事而撒谎；

⊙ C（Cognition）指的是认知方面，比如孩子总是认为自己上网玩的时间很短，或者在家长管教时，总认为自己没有问题而不服从管教。

● **预防在先，防患于未然**

　　所谓"一分预防胜过十分治疗"，防患于未然是帮助孩子远离网络成瘾问题的上策。家长可以从以下方面入手。

　　关闭、调整、重聚——家长先做表率。优良的示范胜过最好的说服，家长首先需要审视一下自己的网络使用习惯。如果家长本身就存在过度使用网络的问题，那么最好能参照网络成瘾行为专家金伯利·杨推荐的"关闭、调整、重聚"策略予以调整：停止查看，不再没完没了地查看电子设备；牢记成年人是孩子行为的楷模，设置时间限制，控制在线行为；与家人团聚时断开网络，用餐时关闭设备。

　　关爱、联结、设限——做民主权威型父母。当孩子上网时间过长时，不由分说地关电脑、拔网线的做法是不明智的；任其为所欲为，对其不管不问的行为也是不妥的；拿孩子无可奈何，将其送去某些机构进行戒网的举动更是万万不可取的……

　　真正能把孩子从电子产品旁边吸引开的是有意义的人际联系。而在所有的人际联系之中，温暖的亲子关系最有助于孩子减少对网络的依赖。良好的家庭氛围是帮助孩子抵御网络诱惑的保护伞。大量研究表明，没有得到足够家庭支持的孩子更有可能通过上网来填补内心的空虚。

　　为了预防网络成瘾问题，不仅需要家长为孩子提供足够的关爱，还需要家长及时对孩子的不当行为设限。应当在孩子使用网络之前，就上网的时间、内容等问题提前与孩子达成共识。比如，把设备的屏幕时间管理功能打开，以便准确了解自己的网络使用时间；不能在网络上发布欺骗或伤害他人的内容；未经父母允许，不可输入家庭或个人的隐私信息；如果孩子因为上网而使自己的学习或者生活变得糟糕，家长有权缩短孩子的上网时间……

　　总之，家长不仅要敞开心扉、放下身段，走进孩子的网络世界，还需要跟孩子一起发展其他兴趣爱好，如读书、运动等，使孩子在家长与小伙伴的陪同下，能够随时走出网络世界，拥抱快乐的童年。

安全、文明地使用网络

有一天，豆丁正在用妈妈的手机观看成语故事视频，突然一个弹窗跳了出来，中断了视频播放。弹窗里有大段文字，豆丁看不太明白，只认得其中的常见字词，比如"身份证""地址""电话"等。豆丁赶紧叫来妈妈，妈妈看后告诉豆丁，手机有可能被安装了风险插件，弹窗是诱导人输入个人信息。妈妈告诉豆丁，上网时要特别注意保护隐私，不能把个人信息告诉陌生人。

安全、文明地使用网络是当前互联网时代媒介使用的重要规则之一。家长需要从小培养孩子安全、文明地使用网络的意识。

● 保护隐私

个人身份信息、密码、环境信息、财产信息等敏感信息，都属于需要保护的隐私，如果泄露，则可能产生安全隐患，比如导致身份失窃和财产失窃等。

家长要和孩子明确网络安全意识，让孩子了解网络中的风险。当涉及身份信息、密码等个人隐私时，一定要征求家人的意见，不能擅自给出。另外，不仅要保护自己的隐私，还要注意保护朋友和家人的隐私。

可以让孩子知晓一些网络风险的具体形式，比如网络钓鱼，通常是通过电子邮件和即时消息虚构一个值得信任的来源，试图获取诸如密码和信用卡信息；网络诈骗，往往是通过虚假的信息，骗取信任来直接骗取个人财产等。

家长可以自行学习《中华人民共和国网络安全法》，并在此基础上对孩子使用网络的行为进行指导。

● **规避不良信息**

家长应鼓励孩子更多地使用各种媒介进行学习，帮助孩子甄选寓教于乐的优质内容。

另一方面，家长需要逐渐培养孩子使用媒介的良好习惯和正确态度，保护孩子远离色情、暴力、网络霸凌等不良媒介信息的诱惑和伤害。比如，多给孩子解释使用互联网存在的风险，告知孩子一旦看到不良信息、影像、图片等需要及时告诉父母。

家长还可以指导孩子提高媒介信息辨识能力和批评能力，分清新闻与广告的界限、真实与虚构的不同。

很多网络平台都有"青少年模式"，家长可以根据实际情况进行设置。

● **注意网络语言与礼节**

家长在教孩子如何安全使用网络的同时，也需要告知孩子网络环境是大家一起营造的，在保护自己的同时也不能伤害别人。

要求孩子在网络上与其他人沟通时，不能使用言语辱骂、攻击对方，要使用文明用语。不要散布对别人有攻击性的言论，也不要传播或转发不良信息内容。不偏听偏信，对不确定的事实不妄加揣测，不制造谣言或者传播谣言。

告诉孩子要掌握一定的网络礼节，不要因为自己的好奇心去窥探他人的隐私，尊重他人也是尊重自己。做到求同存异，善于倾听、理解和接纳，学会换位思考。通过互联网进行创作表达时，如果需要引用他人的话语或者文章，需要注明来源并致谢。

一起感受美、创造美

认识整洁之美，养成爱整洁的好习惯

周末，萌萌妈妈带萌萌去刘阿姨家玩。一进门，萌萌妈妈就说："你家可真漂亮！"刘阿姨说这都是她和女儿一起布置的。从刘阿姨家出来，萌萌对妈妈说："要是我们家也那么漂亮就好了。"萌萌妈妈说："那我们一起来布置好不好？"

我们生活的世界中有很多美好的事物。让孩子拥有感受美、创造美的能力，他的人生必将更加美好。其中，保持个人和家庭环境的整洁，就是在创造一种美。

● 保持头发干净、整洁

对男孩，要提醒他按时理发。发型要简洁大方，还要注意遵守学校的规定，不要为了满足大人的某些想法就给孩子留一些特别的发式，给孩子带来不必要的困扰。

女孩无论留长发还是短发，都要打理整齐，乱了要及时整理。家长要教孩子逐渐学会自己梳理。

这个阶段的孩子活动量大，容易出汗，要经常洗头保持清洁，避免产生异味。

● **给女孩选择恰当的发饰**

妈妈可以和女儿一起选择适合的发饰并教会她使用。可以选择一些可爱、明快、简洁的样式，比如花朵、卡通形象、几何图案等。适当的发饰既可以起到固定头发的作用，也可以起到美化装饰的效果。提醒孩子即便是好看的东西，同时戴太多了就可能不好看了，也可以让孩子自己尝试，对比效果。注意上学时要遵守学校的规定。

● **保持指甲整洁**

提醒孩子定时修剪手指甲和脚指甲，不留长指甲。洗手时要注意洗到指尖指甲的部位，避免脏东西留在指甲里。

有的女孩子可能开始对美甲感兴趣，尤其是如果妈妈喜欢美甲的话。这时候，既不能以一句"你是小孩子，不可以做美甲"打发孩子，也不能随着孩子意愿，任由她像大人一样使用指甲油或指甲贴。美甲产品里大都含有对健康有害的成分，不建议孩子过早接触，要耐心地跟孩子说明这一点。家长尽量不要在家里使用指甲油，以免危害孩子健康。如果能够找到凤仙花，可以在假日里和孩子用凤仙花染指甲玩。

● **衣服合体、干净，脏了及时换**

家长要教孩子分清哪些衣服适合在家穿，哪些适合出门穿，告诉孩子在不同场合穿不同的衣服。比如，运动时、做客时、参加正式活动时、出门游玩时都要穿与场合和活动相适宜的衣服。尽量不要穿不合身的衣服，比如太短、太长、过肥、过瘦等。同时，衣服要穿得整齐、舒适。让孩子知道衣着整洁既是对自己的尊重也是对别人的尊重。孩子吃东西或玩耍时如果不小心弄脏了衣服，要提醒孩子及时更换，但不要因为孩子弄脏衣服而责备孩子。特别是玩耍时，不要因为怕弄脏衣服而限制孩子的活动。

帮孩子养成出门前照镜子的习惯，教他检查自己的头发乱不乱、衣服穿得有没有问题，比如，一边衣领没有翻出来，扣子扣错了位置，衣襟上有饭粒，一只裤腿还卷着……让孩子整理好，整整齐齐地出门。

● 美化家居环境

在前面的章节里我们提到了收拾屋子，主要是侧重各种物品的收纳以方便取用，并引导孩子感受整齐的房间所带来的舒适、愉悦。我们还可以引导孩子思考如何让家里看起来更美观。

可以让孩子从布置自己的书桌开始。比如，桌上的物品怎样摆放更好看，它们的大小、颜色怎么搭配看起来更好；一堆小玩偶是叠放，还是一字排开，或者放在置物架的不同格子里……有经验了以后再逐渐扩展到家里其他地方。比如，在什么地方挂画，什么地方摆放照片，什么颜色的沙发靠垫和沙发搭配更好看……

提醒孩子在注意美观的同时也要考虑方便使用。比如，笤帚是放在客厅里还是放在阳台上？厨房里的调料罐是都放进橱柜还是可以把最常用的几个整齐地放在灶台上？再或者在灶台上放个置物架，整齐地收纳那些瓶瓶罐罐？

去别人家做客时，如果发现别人家里又整洁又美观，回家后可以和孩子聊聊感受，然后引导孩子想想自家有哪些可以改进的地方。也可以和孩子一起看一些家居布置的图片，这样既可以提高孩子的审美水平，又能启发他有更多自己的想法。

培养善于发现美的眼睛

学校要举办摄影绘画比赛。放学路上，晴晴问东东参不参加，东东说："我没有作品，拿什么参加啊？我看你平时经常拍照，你教教我。"晴晴让东东看天上的白云，说："你看，这蓝天白云，多美呀！"她又用手比了个"取景框"，让东东通过"取景框"向前看："你看这林荫道，绿色的大树，还有这些树的影子，路上走着两个小学生。完美！拍出来就是一张好照片。"东东一看还真是，自己以前从没注意过这些……

法国著名雕塑家罗丹说过，世界上并不缺少美，而是缺少发现美的眼睛。培养孩子在平凡的生活中随时随地发现美、欣赏美的能力，是送给他未来人生的一份非常有意义的礼物。

● **欣赏天空的美**

引导孩子注意观察天空的变化。白天，可以看云、看霞、看雾、看日出日落；夜晚，可以看满天繁星、月圆月缺；夏日，看划过天空的闪电；冬日，看漫天飞舞的雪花……

可以在晚饭后，和孩子一起出门散步，让瑰丽的晚霞带走一天的疲惫；在风和日丽的周末，和孩子一起躺在草坪上，不干别的，只看云卷云舒；碰上有日食或月食的日子，更是千万别错过，和孩子一起观看大自然神奇的景象……

● **留意植物的美**

植物生活在我们周围，随处可见，因为司空见惯，孩子往往会不以为意。家长需要有意引导，和孩子一起观察不同植物的形态，观察植物的生长变化，体会植物在不同季节的美。初春嫩绿的新芽、春日缤纷的鲜花、夏日繁茂的绿树、秋日金黄火红的落叶……即使是北方的冬天，很多植物的叶子掉光了，但观察它们的枝干，也能发现美丽的线条和形态，更不用说下雪之后的"玉树琼枝"了。除了小区周围的花草树木，还可以带孩子去公园、植物园观察更多的植物。

此外，我们餐桌上的植物——蔬菜、水果和粮食，它们的叶子、果实、根、茎、种子不仅可以为我们提供营养，还有缤纷的色彩和各异的形态，甚至它们不同的切面也会产生奇妙的图案，比如阳桃的横切面就是星星的形状……鼓励孩子探索和观察这些植物，并用相机或画笔记录。一般而言，在记录的过程中，孩子会观察得更仔细。

● **欣赏动物多面的美**

很多孩子都喜欢动物的有趣、可爱，但实际上动物身上的美也随处可见。有的动物身上有美丽的图案、花纹；有的动物有美妙的外形；有的动物在奔跑、飞翔、跳跃时有矫健的身姿；有的动物有婉转的歌喉；还有的动物能造出巧夺天工的巢穴……引导孩子在观察动物时注意欣赏这些美。可以根据孩子的兴趣，带孩子去动物园、海洋馆等场馆，还可以给孩子看一些相关的科普书刊，了解更多动物的知识。也许孩子还能发现动物身上更多的美——有的动物很机智、有的动物很团结、有的动物很勤劳、有的动物很坚强……

● **感受自然景观的美**

有机会带孩子去看看海洋、湖泊、江河、溪流、森林、草原、沙漠、戈壁……让孩子身临其境感受各种美不胜收的自然景观。也可以和孩子一起欣赏一些图片和视频作品，比如《国家地理》杂志、中央电视台《探索·发现》节目等，让孩子从小就能领略到我们国家及世界各地的美景。

● **发现身边生活中点滴的美**

只要有一双善于发现美的眼睛，生活点滴中也蕴藏着各种美。家长可以带孩子慢慢发现、体会。比如，清晨的阳光透过薄薄的窗纱，将窗格的影子朦胧地洒在地面上；爷爷刚沏的一杯茶，晶莹的玻璃杯里茶叶在水中慢慢地舒展开来，杯中飘出袅袅的香气；餐桌上，各种色香味俱佳的美食让人愉悦；

傍晚，夕阳的余晖中，跑步者的剪影非常健美；晚上，奶奶戴着老花镜在灯下做手工，看起来那么慈祥，让人感到那么安心……

● **学会记录美**

鼓励孩子把看到的美好事物记录下来，可以根据孩子的兴趣，教他用照片、视频、图画、文字、泥塑或其他手工作品等形式进行观察。家长可以和孩子一起记录，这样有利于提高孩子的兴趣。可以在家庭内部举办一些主题摄影活动，比如，"云朵收藏家""小区的春天""我的家"等。也可以根据住所周围的景物或者常去的景点选取素材，比如，附近有一处名胜，可以搞一个系列摄影活动，以"北海的四季""护城河的白天和夜晚""走进胡同"等为主题，邀请家里的长辈亲友一起来参加。将这些记录以适当的方式展示出来，分享给他人，这份美好就被放大了。将这些记录收藏起来，过一段时间再拿出来欣赏，这份美好就被延长了——这本身就是一种美好。

欣赏艺术表演，提高审美能力

坤坤学校组织孩子们看了一场名为《孙悟空大战牛魔王》的皮影戏表演，还让他们亲自动手画皮影人物，体验表演过程。回家后坤坤兴高采烈地给妈妈分享这一天的体验，看到坤坤对皮影戏这么感兴趣，妈妈准备带着坤坤一起了解更多关于皮影戏的知识，还和他约好下周到儿童剧场观看另一场皮影戏表演。

艺术表演形式丰富多样，很多孩子喜欢的故事都被改编成了不同形式的表演。比如，《西游记》的故事不仅有皮影戏版本、儿童剧版本，甚至还被搬到了昆曲的舞台上。家长可以尽量多带孩子去欣赏合适的艺术表演，这样不仅可以让孩子领略艺术的魅力，提高艺术审美能力，有助于孩子的表达能力、情商发展，还能密切亲子关系，好处多多。

● 选择孩子感兴趣的内容

儿童剧，包括皮影戏、木偶剧、音乐剧、话剧、京剧、昆曲等，看似五花八门，但它们的共通之处在于用不同的形式讲故事，只要内容适合孩子，都可以尝试带孩子看一看。不过，可以先判断一下演出内容是否为孩子感兴趣的，也可以直接征询孩子的意见，和孩子一起讨论后再作决定。比如，有些剧是孩子看过的小说改编的，那孩子可能更容易产生兴趣。

● 提前查找资料，丰富背景知识

观看演出之前，父母可以和孩子一起提前了解演出的内容，查找相关的背景知识，这样再去看表演时，就能更好地欣赏了。比如，关于皮影戏，我们可以引导孩子了解：中国的皮影艺术，是人类艺术史上的创举，它融合了剪纸、雕刻、美术、戏剧、音乐和口技等多种艺术形态。还可以提前了解一下皮影戏中不同角色的服饰特点，以及如何看五官辨忠奸，等等。

● 近距离接触和体验

演出结束后，家长可以找机会带孩子进行近距离的接触和体验，进一步拓展孩子对这种表演形式的认识。仍以皮影戏为例，看完演出后，家长可以带孩子去看有关皮影的展览，带孩子了解皮影人物制作的流程、皮影人物动起来的秘诀等。有兴趣的话，还可以购买材料，和孩子一起动手制作皮影，尝试简单的皮影表演。

正确看待艺术类学习

豆丁从小就喜欢弹钢琴，坚持学习3年了。但最近学习的新曲目有一定的难度，豆丁练起来明显有些不耐烦，找各种借口不想练习，再加上学习任务越来越重，豆丁妈妈开始考虑要不要让他继续学下去了。

孩子的艺术学习，到底有什么用？中央音乐学院的周海宏教授曾经说过，现在学琴的孩子不是太多，而是太少，每个孩子都应该学习一门艺术。艺术教育不仅可以引导孩子感受美，提高审美能力，还有助于提升孩子感知幸福的能力。所以，我们提倡孩子进行一些艺术相关的学习。

● **合理选择艺术类兴趣班**

家长给孩子选择艺术类兴趣班，一定要基于孩子的兴趣，让孩子能够体验到艺术的乐趣。现实情况是很多孩子在学习过程中，缺乏快乐的体验。比如，很多孩子学钢琴学得苦不堪言，家长也觉得疲惫不堪，亲子冲突不断……

怎么样才能避免这种情况发生呢？仍以学钢琴为例：其实在让孩子学习钢琴之前，父母应该明确学琴的主要目的是提高音乐审美力，而非提高表演技能，不能因为逼迫孩子考级，而让孩子失去了对这门艺术的兴趣。

让孩子在学习过程中感受艺术之美，提升艺术审美力，体验生活的幸福感，这些才应该是父母时刻牢记的学习艺术的重要目标。

● **多途径促进艺术审美力的培养**

艺术审美力的培养离不开环境的浸润，家长可以多带孩子听音乐会、看画展等。但建议以去餐馆品尝美食的心态去，不要抱着一定要孩子听懂、看懂、学到知识的心态。如果孩子觉得不好听或者不爱看，也不必批评或强迫，可以引导、鼓励孩子继续欣赏。如果孩子执意要离开也没关系，下次还可以

尝试选择其他风格的音乐会或者画展。

听音乐会或者看画展之前，建议带孩子提前搜集相关背景资料，比如了解一下音乐家、画家的成就、代表作、逸闻趣事等，激发孩子的好奇心，会有利于接下来的欣赏活动。

支持孩子学习

让孩子做学习的主人

果果上学了，成为一名小学生了。刚开学的几天，果果很兴奋，对学校的一切都很好奇。可是才过一个月，果果就跟妈妈说不想去上学了，上小学太没意思，没有幼儿园好玩。果果妈妈通过班主任还得知，果果上课时常常东张西望，心不在焉，而且最近还总是忘记做作业。

这个阶段对于孩子来说，最大的变化是从以游戏为主的幼儿生活，逐步转变为以学习为主的学校生活。家长需要慢慢引导，帮助孩子认识到学习是自己的任务和责任，形成学习的任务感和目标感，从而养成良好的学习习惯。

● 引导孩子为自己的学习负责

家长需要帮助孩子转变角色，顺利度过入学适应期。正式入学后，孩子会发现小学生活与过去的幼儿园生活大不相同。这时，家长需要告知孩子他已经长大了，是一名小学生了。以前在幼儿园里，老师主要带领小朋友们一起做游戏，现在在学校里，老师向同学们传授知识。所以，与以前不同，他现在的主要任务是学习，这包括课上认真听讲，还包括按时完成作业、积极参加各种班级活动等。

可以利用生活中的小事，引导孩子感受学习的益处。比如，买牛奶的时候，请孩子用学过的知识查看生产日期和保质期，推算什么时候过期。让孩子真切地感受原来学过的知识可以应用到实际的生活中，学习可以使自己快速成长起来，去做更多的事情。另一方面，家长还可以带孩子一起阅读著名科学家的故事，感受知识的力量，了解学习知识不仅可以让我们更加独立和自信，还可以为他人和社会做贡献。带孩子去认识各行各业的人，例如医生、警察、工程师、艺术家等，观察他们的工作状态，向孩子讲述他们工作的意义。鼓励孩子说出自己未来想从事的职业，一起查阅资料，了解胜任这个职业需要具备哪些学科知识。

家长要意识到自己是孩子学习的"副驾驶"，孩子才是"主驾驶"，要让孩子感受到自身角色的变化和学习的益处，产生学习的动力，进而理解学习是自己的事情，需要对此负起责任，而不是被家长"推着走"。

● **帮助孩子设置合理的学习目标**

家长可以帮助孩子拆解学习任务，让孩子感到学习并不难，自己能够胜任。刚刚入学，孩子突然面对数学、语文、英语等多学科的学习，一时之间可能有点犯怵。这时，家长可以在每天放学后帮助孩子梳理当天的学习内容，帮助孩子解决存在的问题，教孩子将不同作业视为一个个小目标，然后一项一项完成。帮助孩子有条理地学习，从小目标的完成中感受到成就感，形成良性循环，从而养成良好的学习习惯。

比如，给孩子准备作业记录本，让他把每天的作业一项项记录在上面（不会写的字可以用拼音代替），然后每完成一项就勾选一项，表示完成。再比如，鼓励孩子与高年级优秀的哥哥姐姐多相处，观察他们怎么写作业，怎么给自己制订学习计划，用榜样的力量去引导孩子。

值得注意的是，在这个阶段，家长应适度降低自己的期待。很多在家长看来很简单的事情，刚入学的孩子往往不能一下子做得很到位，而且即使当下做到了，过几天可能又不行了，会出现反复的现象。这时需要家长有耐心，给予孩子更多的试错空间——毕竟人们都是在不断犯错、吸取教训的过程中获得成长的。

培养专注的学习习惯

琦琦长大了，妈妈精心布置了专属于她的"公主房间"，漂亮极了。可是，自从重新装饰了房间以后，妈妈发现琦琦每天在写作业上花的时间越来越多。原来，每天放学回家后，琦琦会先坐在她最喜爱的粉红色书桌前写作业，可是过了半个小时，往往还停留在第一项任务上。再看琦琦，她一会儿玩玩漂亮的桌布，一会儿摆弄摆弄新买的自动铅笔，然后又玩玩书桌边亮晶晶的装饰……妈妈走过来提醒，她才缓过神来，继续写作业。

6~8岁的孩子容易受到外界的干扰，容易被周围新鲜、有趣、鲜艳的事物所吸引，再加上他们的注意力集中时间依然有限，又缺乏控制能力，因此，很容易出现学习时注意力不集中、拖拉磨蹭的现象。

● 学习环境应简单、整洁

色彩缤纷或杂乱无序的环境不利于孩子学习时集中注意力，家长需要尽量为孩子营造出简单整洁、安静、少打扰的学习环境。例如在孩子写作业的时候，将吸引注意力的物品暂时拿走，降低电视的音量等。当孩子在认真学习的时候，不要轻易打断，也不要在附近来回走动，不然会使孩子难以集中注意力，降低学习效率。家长可以和孩子一起整理房间，将房间分为学习区、休息区和娱乐区，将与学习无关的物品从书桌上撤下，收纳至娱乐区。在写完作业之后，再拿出来玩。

另外，还需要尽量给孩子提供简单、普通的文具。现在市面上充斥着花样繁多的文具，其中一些（如功能过多、过于漂亮酷炫等）其实极易分散孩子的注意力，甚至让孩子在上课的时候也沉迷其中，无法专注到老师的讲课内容上。

● **建立时间观念，避免拖拉磨蹭**

很多孩子学习时不专注，拖拉磨蹭，部分原因是他对时间没有概念。由于这一阶段的孩子仍以形象思维为主，时间对于他们来讲，依然是非常抽象的。为了让孩子对时间的流逝有具体的感知，可以选择用沙漏来代替闹钟。因为沙子的下落很好地展示出了时间的流逝，能够让孩子对时间产生直观的感受。

可以选择代表不同时长的沙漏。比如，红色沙漏是半个小时，蓝色沙漏是 15 分钟，黄色沙漏是 5 分钟。根据作业量的不同，匹配相应的沙漏。比如，数学作业大约需要用 15 分钟，那么就选择蓝色的沙漏；朗读课文大约需要 5 分钟，那么就选择黄色沙漏……通过这样的方式，让孩子逐步建立起时间观念，保证单位时间内注意力集中，避免拖拉磨蹭的现象。

另外，每次孩子专注地完成作业之后，建议及时表扬、鼓励，比如，跟孩子说"你今天做作业很专注，一直写了 15 分钟，一下都没离开书桌呢，特别棒"，引导孩子养成专注的好习惯。

● **劳逸结合，保证充足的休息时间**

阶段性的适度休息有利于集中注意力。一般情况下，6~8 岁的孩子可以连续集中注意力的时长为 20 分钟左右。所以，每当学习 20 分钟左右，可以让孩子休息一下。比如，离开书桌走动走动，给花浇浇水，给金鱼喂喂食，简单休息一会儿。或者换一种学习方式（内容），比如，由写计算题改为听听录音，读读课文等。家长还可以利用一些软件工具，比如番茄时钟，合理设置学习时长和休息时长。

另外，在经历了一天的学习之后，孩子需要良好充足的睡眠，有必要保证孩子每天9小时以上的睡眠时间。在睡眠过程中，大脑可以得到休息，这也有利于孩子在第二天的学习中集中注意力。

用兴趣引导孩子学习

石头是一个很听话的孩子，每天放学回家先认真完成学校作业以及第二天的预习任务，再去看电视或出去玩。但是妈妈发现，石头的学习成绩一直没有提高，作业里也经常会有很多错误……妈妈带着疑惑去找班主任老师，老师告诉石头妈妈，虽然石头很乖，但他对学习缺乏兴趣和热情，上课不喜欢发言，很容易走神；题目做错了，也不主动探究原因改错，而是等老师讲解正确答案……

兴趣是最好的老师。兴趣在孩子的学习中扮演着非常重要的作用，是孩子产生学习积极性的主要原因。那么如何正确引导孩子的学习兴趣呢？

● 帮孩子发现学习其实很有趣

要想孩子对学习有兴趣，很重要的一点，是要让孩子觉得学习是可驾驭的、有趣的，而不是困难的、枯燥无味的。那么，应该怎么引导孩子呢？

从孩子已有的兴趣点入手。以古诗为例，一些孩子对古诗学习不感兴趣，那么，依据孩子爱听故事的特点，家长可以找一些资料，给孩子讲历史上著名诗人的故事。如果我们能给孩子讲一讲"高适从乞丐到朝廷大员的逆袭人生""王勃是一位出色的广告策划，他的一首诗捧红了一座楼（滕王阁）""诗仙李白居然是孟浩然的铁杆粉丝"，等等，将孩子要学的古诗与生动有趣的故事进行链接，会大大增强古诗学习对孩子的吸引力。

为孩子解决一些学习难点。例如，有孩子对科学课不感兴趣，那家长可以购置一些直观教具，比如显微镜、儿童趣味实验套装、儿童电路玩具套装等，同时辅助一些趣味性较强的书籍。

● 及时肯定和鼓励

这个阶段的孩子自我意识还不够强，来自老师和家长的鼓励与支持，能激发孩子的潜力和学习兴趣。

有一个小故事。在一次采访中，主持人问一位著名画家："您是如何做到十年如一日每天坚持作画的？"画家回答："我很小就开始学画，画了一段时间后，慢慢觉得画画很枯燥，很无聊，对画画失去了最初的热情。后来有一次我的画被老师当众夸奖，老师还说我有一双'钻石般珍贵的发现美的眼睛'，这句话深深地激励了我……"

对于这个年龄的孩子，和老师一样，父母在他们眼中是权威的存在。他们渴望获得父母的认可和肯定，可能家长不经意间的一句夸奖的话，就可以激发孩子更大的潜力和兴趣。所以，当孩子做得好的时候，家长要及时给予中肯的表扬和鼓励。比如，在家里设置一面作品展示墙，展示孩子的书法、绘画以及优秀作文等。当孩子做得不好的时候，也要发现孩子努力的一面，给予及时的鼓励和支持，而不是严苛的要求和批评。

● 引导孩子学以致用

孩子对学习没有兴趣，原因也可能是他还没有体会到学习的用处。因此，引导孩子将学到的知识"学以致用"，让孩子成为家中的小小设计师、小小讲解员、小小会计师、小小工程师等，可以很好地激发孩子学习的兴趣，驱使孩子进一步探索。

比如，对于学画画的孩子，请他为家人设计一件风格独特的T恤衫；对于开始学历史知识的孩子，在一起参观博物馆的时候，请孩子当讲解员，向家人介绍文物及其背后的历史；对于学编程的孩子，请他用所学知识设计一个小程序解决某个常见问题；遇到外国友人时，鼓励孩子用学到的英语进行交流；鼓励孩子用学到的数学知识帮家人记账、统计每月日常花销……

培养观察力，学会记录

小迪小时候观察力很好。比如，在书上众多看起来非常相似的火车头里，他能分辨出不同的火车头，准确地叫出名字。可是随着年龄的增长，妈妈发现他的观察能力好像下降了：经常找不到东西，哪怕语文书就放在书架上，他也会在屋子里转来转去发现不了；数学作业里，他常常看不到老师标记的需要修改的地方……

小孩子喜欢观察，而且往往能观察到大人没注意到的细节，这个本领看起来很厉害，但是他们的观察是无目的、无顺序的。随着年龄的增长，在成人的指导之下才可以做有目的、有顺序的观察。

● 培养观察的兴趣

观察是我们认识世界的一个重要途径，通过观察可以让孩子对自然、科技、生活等有进一步深入的了解，因此观察力对孩子来说是非常重要的。

要想提高孩子的观察能力，首先要培养孩子观察的兴趣。在生活中，我们可以利用身边的点滴来提高孩子的观察兴趣。记得给予孩子观察机会和时间，保护孩子的好奇心，鼓励孩子探索周围的世界。比如，大自然中的花草树木、动物、土壤、溪水都值得我们认真观察，会有很多新奇的发现，从而激发孩子观察的兴趣；在放学回家的路上，看见一群蚂蚁，家长可以引导孩子停下来注意观察，看看蚂蚁是怎么共同合作搬起比自己重的物体的，搬运的路线又是怎样的……

● **学习一些观察的策略**

　　家长可以教孩子一些观察的策略。比如，先确定目标物的特征，如果我们要找的是老师的红笔标记，那么就缩小查找范围，只看红色的部分，忽略其他颜色。然后教孩子找东西的时候注意顺序，按照从上到下、从左到右的顺序，有序地观察。如果是在阅读中观察，可以用手指去做辅助。

　　另一方面，还可以引导孩子在观察时提高专注力，放慢观察的速度，更加仔细地观察，以及反复观察，等等。平时玩玩"找不同游戏"（找出两张图的不同之处）、找出画面中隐藏物品的游戏等，也是锻炼观察力的好方法。

　　除了按照上下、左右的顺序进行观察，我们还可以教孩子按照从部分到整体或从整体到部分的方法来进行观察。或者按照事物发展的顺序，比如青蛙卵变成小蝌蚪再变成小青蛙，蚕卵变成小蚕慢慢长大结茧再变成飞蛾，观察它们每天的变化……

　　观察时，可以酌情引导孩子说出一些看到的细节，并鼓励进一步观察。比如，"你还看到了什么""再仔细看看，说不定有新的发现""再等一会儿，看看它会变成什么样"……不过，当孩子非常专注地观察时，尽量不要打扰，要让他们进入到一种沉浸式的观察中。

● **学会使用一些观察、记录的工具**

　　在观察之前，家长可以帮助孩子准备观察用具，例如放大镜、观察记录本、观察记录表、相机等。引导孩子在观察的时候使用恰当的工具来辅助观察。比如，观察较为细小的物体，如昆虫的腿部或头部，可以利用放大镜来观察；外出观鸟时，有条件的话，可以准备观鸟望远镜……

可以让孩子准备观察记录本，将自己看到的事物记录下来。不会写的字可以用拼音代替，或者画图来表示，还可以打印实物照片贴上去。

可以提前带孩子准备观察表格，设置不同维度（如观察时间、形状、颜色、大小、观察心得等）。这样可以使观察变得更有条理性，能够引导孩子做系统性的观察与记录。

在完成观察之后，可以让孩子结合自己的记录从整体上进行一次回顾：最开始看到了什么，随着时间的流逝又看到了什么，最后是什么样子，等等。这样孩子可以对观察对象有一个整体的印象，也对自己的观察过程进行了一次梳理，以便下次更好地进行观察。

培养思维的条理性

琦琦非常喜爱自己的"公主房间"。星期天，她主动提出整理自己的房间，这让爸爸妈妈很欣喜。琦琦很用心地忙活了大半天，但接下来的几天麻烦多多，好多东西都找不到了。这不，爸爸上次出差给琦琦买的新型全自动转笔刀不见了，琦琦急得哇哇大哭，说："我忘记把它放在哪儿了，我再也不收拾房间了，以后还是妈妈来收拾！"

这个阶段的孩子愿意尝试自己的事情自己做，这是非常值得鼓励的，但他们在做事的时候往往缺乏条理性。家长可以引导孩子用分类、比较、排序等方法来处理事物，培养思维的条理性，让一切更加有序。

● 继续练习分类

处于这一阶段的孩子，已经可以将熟知的事物进行正确分类了。在生活中，引导孩子多多练习分类的方法。

比如，家长可以请孩子帮忙扔垃圾，分清可回收垃圾、厨余垃圾、有害垃圾、其他垃圾，将不同的垃圾扔进不同的垃圾袋，出门的时候再扔到对应的垃圾桶中。

整理房间也是练习分类的好机会。陪孩子一起收拾房间，准备好整理箱、收纳盒、标签纸和马克笔等。请孩子先对物品进行分类，比如将物品分成玩具类、学习用品类、生活用品类等，然后根据类别收纳到对应的地方。可以利用标签牌来进行标示，提醒孩子物品的类别。

还可以请孩子帮忙写购物清单。按照不同类别（如水果类、饮品类、肉类、洗护类等）写清需要购买哪些东西。

● **进一步学习比较**

无论是在学习还是生活中，处处都需要运用比较的能力。从孩子很小的时候，我们就开始教孩子简单的比较了：比大小、比高矮、比宽窄、比厚薄、比轻重、比胖瘦、比快慢、比冷热等。

现在，我们可以继续带着孩子在生活中练习、学习比较。除了简单的比较以外，可以渐渐尝试更复杂的比较。比如，比较的对象更多、比较的对象之间差异不明显、比较的维度更多……需要重视培养孩子的观察力，引导孩子调动各种感官细心观察，观察大自然、观察社会，在观察中比较。

在知识点的学习中，也经常需要用到比较。以汉字学习为例，有些字的字形和字音都非常相似，容易混淆。例如"晴"和"清"，首先从字形上比较，它们的右边都是"青"，但它们的偏旁不同，因此表达的意思也不同；其次从字音上比较，很相近，但声调不同。对于这种易混淆的字，可以利用不同的颜色来标注，使它们的区别更加醒目，便于比较。比如，对于"晴"和"清"，用黑色笔描出相同的"青"字，用红色笔描出日字旁和三点水旁。同样的方法也可以应用到其他学科的学习上。比如，英文单词的认读、相似图形的认识……

● **进一步学习排序**

在幼儿阶段，孩子已经学会了一些简单的排序，比如按照物品的大小、高矮、轻重等来排。现在可以在生活中从另外一些维度教孩子排序。

在收拾房间时，在分类的基础上，还可以按物品的使用频率来排序，然后再放置。比如，学习用品类，将每天使用的物品放在第一个抽屉里，较常使用的放在第二个抽屉里，很少使用的放在最后一个抽屉里，这样就可以帮助我们很快地找到所需要的物品。

还可以教孩子对自己的事情进行优先级的排序。和孩子一起做一张时间计划表，将要做的事情按照重要和紧急程度进行排序，并在生活中按顺序执行。比如，平日回家之后先做最重要和紧急的事情，例如洗手、写作业，然后再做重要的事情，例如吃饭、弹琴，最后再做一般的事情，例如吃零食、玩玩具等。这样做也可以帮助孩子建立合理的时间观念。

玩游戏，练习打破常规思维

几个小朋友在小区里玩耍，不小心把一个乒乓球扔进了一个窄口的废旧罐子里。由于罐子口太窄，手伸不进去，又因为罐子大半截埋在土里，很难将其拿出来，所以也无法倒置取出。大家急得团团转，路过的小哥哥回家提了一桶水过来，将水倒进罐子里。乒乓球慢慢浮上来，小朋友们拿到了球，觉得小哥哥真有办法。

在生活中，家长需要鼓励孩子打破常规思维，突破创新。要保护孩子的好奇心，鼓励孩子多质疑、多提问；鼓励孩子多想新点子，不以自己的思维方式或"标准答案"来捆绑孩子；鼓励孩子灵活、变通，遇事多想办法，并找到最好的办法。

同时，家长需要意识到想象是创造的基础，可以使孩子打破固有束缚，冲破常规，用更为新颖有效的方式来解决问题。小学阶段是培养想象力非常重要的阶段，家长可以和孩子玩一些小游戏来培养孩子的想象力和创造力，引导孩子打破常规来解决生活中的问题。

● **游戏举例：将画补充完整**

首先准备一张画纸，在画纸上摆上一个小物件，比如一片薯片、一个果核或者一朵小花，然后让孩子拿起画笔，在小物件的基础上来扩展这幅画。有的孩子会画出一群吃薯片的蚂蚁，有的孩子会画出用果壳做的宇宙飞船……在这个游戏中，我们不要苛求孩子画得"像"（写实），而是鼓励孩子画出心中所想即可。

也可以在画纸上画出一个简单的图形或符号，比如一个圆、一条波浪线、一个水滴形状等，然后让孩子将画补充完整。这样的形式同样可以激发孩子的想象，画出很多有趣的情境画。

● **游戏举例：用美食造出"跑车"**

在家中，我们可以利用一些食物，和孩子一起制作"跑车"沙拉。给孩子提供一些食材和辅助材料，例如草莓、樱桃、苹果、香蕉、海苔片、芝麻、沙拉酱、番茄酱、牙签、水果叉等，请孩子用这些材料来做一辆"跑车"。

在这个过程中，孩子需要不断进行思考和试验，来尝试着解决问题：不同的食材有着不同的硬度、形状和大小，哪种食材可以做"轮胎"，哪种食材可以做"车身"，哪种食材可以做"车头"，又如何用辅助材料将它们连接起来，最后还需要从整体上考虑"跑车"的外观，想想怎么装饰才更加美观。

● **游戏举例：它还能有什么用？**

这个游戏我们可以随时随地和孩子一起做。游戏很简单：由一个人说出一个物品的名称，然后请其他人来说出这个物品的用途，说出的用途越多越好。

要鼓励孩子打破对这个物品固有功能的理解，想想它还能做什么用。例如尺子除了测量，还可以做教鞭和指挥棒；小钢勺不仅可以用来喝汤，还可以用它切苹果；等等。

这个游戏可以帮助孩子打破"功能固着"的思维方式，消除关于物品用途的呆板、机械的认识，使其对物体的认识更加全面、丰富、灵活。经常玩这个游戏，有利于孩子学习打破常规思维来解决问题。

对于家中废弃的物品，在注意安全的前提下，家长可以请孩子对其进行拆解和重新处理，这也是一个鼓励孩子创新的机会。

亲身感受科学的魅力

程阿姨住在久久家隔壁，她在中国科学院工作。平时久久去串门，她会带久久和自己的孩子做一些简单的生活小实验，久久对这些有趣的实验非常感兴趣。这一天程阿姨告诉久久妈妈，中国科学院最近在开展开放日活动，可以带久久一起去参观。听到这个消息，久久非常兴奋，催妈妈赶紧为他预约。

随着社会的发展，很多城市的科研机构和科技企业开始向社会开放，支持公众参观，家长可以带孩子积极参与。因为通过实地参观，了解当前科技的进展情况以及科学技术人员的工作状态，对于激发孩子的学习兴趣是非常有益的。可以观察孩子平时喜欢哪个领域的科学知识，从他感兴趣的领域开始，带他去参观相应的科研机构或科技企业，亲身感受科学的魅力。

● 参观科研机构

以中国科学院为例，在北京地区，每年都会有很多个研究所对外开放，举办各种讲座、展览、体验活动等，适合不同年龄段的孩子。其中包括高能物理研究所、国家纳米科学中心、数学与系统科学研究所、植物研究所、遥感与数字地球研究所、遗传与发育生物学研究所、微生物研究所、地理科学与资源研究所等，不仅涵盖数学、物理、化学等基础学科，还涉及很多当今高尖端跨学科的研究项目和成果。

带着孩子走进研究所、实验室、天文台、多功能厅，了解科学家们的工作内容和研究成果，这无疑是进行科学素养教育的大好机会。值得注意的是，参加活动需要提前预约，所以需要关注相关的官方公众账号或网站上的信息。对于很多热门的研究所，需要格外关注，以免错过。

● **参观科技企业**

除了科研机构，现在很多城市的科技企业也对公众开放，包括一些食品生产企业、互联网高新科技企业、葡萄酒生产基地等。家长可以带孩子去参观流水线，了解产品生产的过程，了解一些高新科技。部分企业还会定时组织适合儿童的体验活动，活动完毕还会赠送给孩子企业产品以作留念。

多带孩子参加此类活动，可以让孩子了解到各行各业员工的工作现状，以及自己生活中的物品是如何制造出来的，了解各行各业与自己生活的关系。

● **与工作人员沟通**

可以让孩子带上自己平时阅读的相关书籍，把想要问的问题记录下来。在参观过程中，鼓励孩子大胆提问，无论是面对科研院所的科学家们，还是面对企业中的工作人员，提出自己的困惑，积极互动讨论，及时记录所看所想。酌情跟孩子一起讨论在学校中学习的数学、语文、英语、科学、美术等学科知识是怎么在具体工作中起作用的。还可以鼓励孩子与朋友组成兴趣小组，一起去参观，然后各自把参观后的感想写下来，再进行分享。

培养孩子的良好品行，帮助孩子适应学校和社会

懂礼貌、讲礼仪

佳佳妈妈带佳佳去朋友家做客。吃饭的时候，佳佳的行为让妈妈很是尴尬：主人还没上桌，佳佳就一个人先开动了；因为喜欢吃鳗鱼，如果不是妈妈阻止得快，她就要直接将盛鳗鱼的盘子端到自己面前了；有一个菜不太合她口味，她直接吐出来说"太难吃了"……

10岁之前是孩子品格、习惯培养的关键期，我们需要从小教孩子懂礼貌、讲礼仪。但是，在当今社会，每个家庭几乎都是众星捧月般地对待孩子，家长很可能因为"孩子还小，等长大了就懂了""这都是小事，算不得什么""不要让孩子太受拘束"等理由忽略了孩子的文明礼仪培养。

另一方面，小学低年级的孩子各方面能力较幼时有了很大进步，而且已经懂得自己的行为会影响到其他人，而相对于进入青春期的大孩子来说，他们还处在父母能够较顺利引导的阶段，所以我们应该抓住这一时期帮助孩子

更全面、深入地学习文明守礼。

● **引导孩子换位思考，了解讲礼仪的意义**

我们要让孩子明白，做到文明守礼，并不是为了让外人夸奖、让老师表扬、让家长有面子，而是为了给他人带来好的感觉，让事情变得更美好，进而自己也会感到快乐。

在日常生活中，我们可以通过一件件具体的事，请孩子学着换位思考，感受讲礼仪的意义。比如，对于孩子的不文明举止，我们可以问他，如果别人这样做，他会有什么感觉。与之相对，当孩子做了讲礼仪的事情之后，我们也问问他是不是觉得很开心……通常孩子立刻就能领会。而且，这样做也是在引导孩子思考做一件事的后果。让孩子养成这种考虑后果的习惯，是提高孩子情商和交际能力的一个重要方法。

● **随时随地教，从每一件小事做起**

在平时，我们可以和孩子一起了解一些必要的礼仪。比如，见面问候礼仪（如介绍自己、介绍其他人）、谈话礼仪（如不打断对方，看对方眼睛）、就餐礼仪、待客礼仪、拜访礼仪、对老人的礼节（如长者进入时起立、关照老人的需求）、体育运动礼仪（如鼓励队友、不喝倒彩）、电话礼仪……

对于这些礼仪，我们可以随时随地教孩子，给孩子实践的机会。酌情对环境中所出现的一些事进行评价，引导孩子学习正确的做法，并懂得对错误的做法引以为戒。

对孩子好的做法和进步及时鼓励，并理性地看待孩子的错误做法，尽量不要简单、粗暴地批评。比如，有时孩子会忘记讲礼貌或者受别人影响而忽视了讲礼貌。对于这种情况，尽量不要在大庭广众之下批评孩子，可以事后跟孩子谈一次，约定一个暗号（如某种眼神或者手势）。下次再发生类似情况时，家长给出约定的暗号，孩子看到后及时停止或改正错误言行就可以了。

同时，我们需要时时提醒自己给孩子树立一个好的榜样。比如，我们希望孩子尊重他人，那我们自己先要做到尊重他人。值得注意的是，这个"他人"也包括孩子。我们要倾听、认可孩子的感受，尽量不唠叨和数落；尊重孩子的选择，即使我们持反对意见，也可以先告诉他，我们理解他的感受，然后再讲我们的看法。不然，日后孩子很可能也习惯于不愿意耐心听别人讲话，喋喋不休，一意孤行……

● **教孩子控制自己的情绪**

我们发现，有时候孩子表现得不礼貌、粗暴，是因为他们不会表达拒绝、反对，不会处理消极情绪。

在生活中，我们可以慢慢教孩子：在拒绝的时候，应该对事不对人；控制自己的情绪（如想发火之前试试深吸一口气），不要用侮辱、伤害人的语言；要遵守平等、公正的原则；等等。再比如，当孩子与别人发生争执时，教孩子学会表达自己：描述对方的行为，说出自己的感受，表达自己希望对方做什么，希望怎么解决问题——这也是生活中一种很重要的沟通技巧，平时可以适当陪孩子演练。

做一个诚实守信的人

放学回家，轩轩告诉妈妈说自己考试得了99分，妈妈很高兴，表扬了轩轩。但是后来在看试卷的时候，妈妈发现有些不对劲，于是悄悄联系老师，才知道是轩轩自己改了分数，把91分改成了99分。平时轩轩也不太守信用，答应同学8点见面，结果到了8点10分还没出门；说好周末去奶奶家，又总是临时变卦……加上这次改分数的事儿，轩轩妈妈有点焦虑了：这孩子怎么变得这么不讲诚信？怎么办呢？

诚信，诚实守信，意义毋庸赘言。很多培养出优秀孩子的父母，都把诚信当作不可触碰的底线。在生活中，我们会发现很多孩子都有不诚实或者不守信用的行为。教孩子诚信待人，需要我们冷静、智慧地面对孩子的谎言，以及重视日常小事，用自己诚信的言行给孩子做榜样，并适时提醒、引导孩子。

● **读懂孩子的谎言，冷静智慧地面对**

客观来讲，每个孩子都有可能撒谎。而且，随着年龄的增长，孩子说谎越来越有策略。我们当然不能放任孩子撒谎，但是也不要一发现孩子撒谎，就如临大敌。对于偶尔的一些善意的谎言，我们不必太在意。比如，为了安慰别人说谎、为了谦虚说谎、为了帮朋友保守正当的秘密说谎……

对于七八岁的孩子，真正值得注意的是他们为了自己说谎。比如，想要钱买零食，却告诉妈妈是奶奶让拿钱买菜。对于这一类的谎言，我们需要分析一下背后的原因，针对原因来处理。比如，有时候孩子说谎，只是希望大人多关注自己一点，而另一个很常见的原因是为了逃避责罚……

对于孩子的谎言，我们该如何面对呢？

以身作则。如果孩子经常撒谎，父母首先也要自我反省是否自己日常有不合适的言行出现。

不给孩子贴标签。研究表明，当一个人被贴上某种标签时，他会做出自我印象管理，使自己的行为与标签内容一致。所以不要给孩子贴"爱撒谎"之类的标签，避免孩子不断向负面标签靠拢。

给孩子改错的机会。一般而言，当孩子撒谎时，我们要让他知道撒谎不对，但也要正确地对待孩子的错误，不要反应过激，要给他改正的机会，让他明白"知错就改还是好孩子"。还要让孩子知道，解决问题的方法有很多种，撒谎是很糟糕的选择。不然，孩子很可能会为了逃避惩罚而撒谎。

● **教孩子做一个守信用的人**

我们应该要求、引导孩子做一个守信用的人。

重视日常小事。生活中，我们会发现，孩子和别人约好的事情，可能因为忘了，结果没有兑现；或者因为其他事情的影响，导致约定的事情被耽搁。但从本质上来讲，还是因为孩子对诚信这件事不够重视。所以，我们要告诉孩子，答应别人的事情就要尽可能去做，约好的时间一定要准时……优秀的品质都是通过一件又一件的小事慢慢形成的。

用自己诚信的言行给孩子做榜样。比如，家长要说话算话。有些家长为了调动孩子的学习积极性或者让孩子配合做某件事，轻易许下承诺，结果又不兑现。这对教育孩子守信用是非常不利的。

提醒并引导孩子遵守承诺。这个年龄的孩子能力毕竟还是有限的，他们可能还缺乏时间观念，可能对事情预估不足，加上又容易被各种事情吸引而分心，所以可能许下自己不能履行的承诺，或者忘记了自己的承诺……这时候，父母就应该及时提醒、引导。比如，帮他认识到某些事他根本做不到，提醒他不要轻易承诺；教他写备忘录贴在醒目的位置，必要时定好闹钟以作提醒。

常怀感恩之心

每次看一位小学同学的朋友圈，珊珊妈妈都会既美慕又有点忧虑：人家家里不仅是"小棉袄"温暖，连儿子都是标准的暖男。再看看自己家 8 岁的女儿，连一杯水都没给自己端过，平时自己生活的重心都在女儿身上，费尽心思做可口的饭菜，所有空闲时间都用来陪女儿，女儿想去哪儿玩就去哪儿玩，生怕她受一点点委屈……可是孩子没有一点感激自己的意思，不挑剔自己没做好就不错了。

常怀感恩之心是人通往幸福的一条捷径。研究表明，感恩的心态对于健康有重要意义。比如，5 分钟的感激心态，就能使神经系统趋向平静，使身心达到和谐状态。另外，拥有感恩心态的人，会觉得世界更加美好，心理上会感到富足、愉快。

但是，感恩之心是一朵慢开的花，是需要从小培养的。在小学低年级，孩子情绪情感不断丰富，具有爱憎的情感，并能表现在行为上，是培养感恩之心的重要时机。

● **期望孩子感恩，并给孩子良好的示范**

期望孩子感恩。其实应该从孩子更小的时候就开始鼓励孩子表达感恩之情，比如，跟孩子说"妈妈陪你玩了一天的游乐场，如果你跟我说'谢谢'，我会很开心的"。当然，如果孩子没有照做，也不必过分纠结，要知道，从孩子嘴里听到"谢谢"一词不应该成为我们跟孩子之间的"战斗"。不要强迫孩子，只要坚持保有期待并适当提醒，日后总会有效果的。

示范表达感恩之情。言传不如身教，家长要让孩子看到自己对身边的事物心怀感恩：对餐厅的服务员、小区的保洁、出租车司机表达善意，甚至是谢谢太阳带来温暖明媚的一天……还有，不要忘记感谢家庭成员。家人是我们最熟悉的，却往往容易被我们忽略。我们可以谢谢孩子爸爸开车带大家出游，谢谢孩子姥姥帮忙做饭，谢谢孩子帮忙晾晒衣服，等等。

不仅仅要说"谢谢"，还应尽量说出具体事件。比如，"谢谢宝贝帮我晾好了衣服，我今天太忙了，你真是帮了我的大忙"。另外，很多时候，我们很可能忽略了孩子日常的很多暖心小举动，要记得表达对孩子的感谢。

抓住孩子表达感激的时刻，适时进行表扬。比如，跟孩子说"我听到你跟保洁阿姨说谢谢，因为她打扫干净了我们的楼道，你懂得感激别人，我为你骄傲"。

● **改正阻碍孩子发展感恩之心的做法**

为什么我们给孩子做了那么多，孩子却看起来并不感激，原因可能在于我们的一些做法。比如：

满足孩子的所有要求。只要孩子一开口（甚至没有开口），马上就满足孩子的要求。如果孩子不知道"得不到""缺失"是什么感受，就不容易知道要感激自己所拥有的。

不当的责备。比如，责备孩子没有表达感激，此时孩子可能会敷衍地说一句"谢谢"，以此逃过更多的责备；责备孩子"你应该感恩才对，有很多孩子根本没见过这个"，事实上，那些愿望很容易就被满足的孩子，是不太理解其他人的状况的……

无效的反问。我们可能会随口反问孩子"你不知道有些孩子连衣服都不够穿吗""你不知道这个玩具很贵吗，你已经有一个了"……我们希望通过反问让孩子意识到自己应该知足、感恩，但实际效果往往不怎么样。

唠叨，让孩子感到愧疚。真正的感恩应该是发自内心的感激。让孩子感到羞耻和愧疚，不是健康的做法，也不是有效的教育方式。

该怎么办？可以试试下面这些做法。

让孩子学会去期待某样东西。无论是一个玩具、一件文具，还是去某个地方玩一玩，或者说某个东西坏了想换个新的……可以的话，尽量缓一缓，让孩子有所期待，经过等待之后，孩子更容易感恩。

考虑减少给孩子的物质。比如，给孩子买玩具，可以考虑买几个而不是一整套。适当少一点，孩子会更珍惜。

让孩子得不到某些东西。这样有点残忍？但人生就是这样啊，没有人可以得到想要的一切。没有得到某样东西的失望感，有助于让孩子对自己得到的其他东西更加珍惜。比如，孩子想养小狗，但是有家人对动物毛发严重过敏，就可以告诉孩子"我知道你特别想要一只小狗，但是爸爸对动物毛过敏，为了爸爸的健康，确实不能养小狗。我们再想想看，能不能养一个别的宠物……"。

让孩子通过劳动获得一些东西。未必是实物，也可以是特权、经历等。

为了实现目标而劳动，会让孩子更加珍惜自己的劳动所得，进而更能理解为什么要感恩别人的劳动。

学会管理零花钱

过完年，妈妈从诚诚的压岁钱里拿出了 2000 元，给他作为零花钱。没过多久，妈妈就觉得诚诚有点瞎花钱了：成套地买玩具不说，如果不加以阻止，可能一次要买好几套。对于花了多少钱，还剩多少钱，钱花得值不值，诚诚根本不考虑……

一般来讲，在孩子 3 岁以后，我们就可以通过游戏、阅读以及实际购物过程，教孩子认识钱，初步理解钱的价值和流通方式。在和孩子一起购物时，示范一些消费观念和技巧，比如列购物清单、做预算、区分需要和想要、货比三家、使用优惠券省钱等。同时，建议让孩子尝试独立购物，比如让孩子进店购买，家长在门口等待。

有了上述基础，到了七八岁，孩子对现实世界有了更多了解，独立自主能力更强，也会简单的加减运算了，此时，可以开始给孩子一些零花钱，引导他们学习管理零花钱。

● 合理提供零花钱

与一次性给很多钱相比，更建议采用每周给一些的方式：钱数不能太少，要让孩子攒一段时间之后，能够买到自己渴望的某些东西；但也不能太多，让孩子买东西前需要思考、计划，而不是想买就能买。另外，随着孩子渐渐长大，零花钱也可以逐渐上涨一些。

可能有的家长觉得家里条件好，没必要对孩子太抠门，多给一点没关系。但要意识到，给孩子零花钱，更大的意义在于把零花钱当作教育工具，教孩子正确对待钱，形成健康的金钱观。这样当孩子长大开始自己挣钱时，就已经具备了理财的基本意识。

可以让零花钱跟做家务挂钩。比如把家里的活儿分成三类：一类是孩子自理和临时帮家长做的事情；一类是每日的固定任务，比如拖地、洗碗、倒垃圾；一类是较大的活儿，比如擦窗户。跟孩子约定清楚，第一类是必须完成的；第二类可以作为赚零花钱的任务，不过，一旦选择了某项任务，就至少得坚持一周，不能想不做就不做；第三类可以作为多赚零花钱的途径。

当然，可能有些家长认为孩子本来就应该分担家务，所以做家务不应该跟零花钱挂钩。那么，可以参考另一种做法：孩子需要做基本的家务，但如果他能发现问题并创造性地解决问题（比如，想出处理某些杂物的好办法），可以赚到零花钱。这样有助于孩子把赚钱当成一件可以解决问题的事，而不是简单的出卖时间——这种思考方式在未来容易让孩子脱颖而出。

● **教孩子管理零花钱**

首先，教孩子把零花钱分成3份，放进3个容器里（最好是透明的，能让孩子直观地看到里面的钱数发生变化），分别贴上标签：储蓄、消费、赠送。

储蓄部分的钱用于未来较大笔的花销，不能随便花；消费部分的钱用于平时的消费，孩子可以自行决定怎么花；赠送部分的钱，可以用于给家人、朋友买礼物或者捐赠。这样可以让孩子从小养成对收入有规划的习惯，而不是随便花或者一直都不敢花。一开始可以给孩子一些建议，比如按照2：1：1来安排储蓄、消费和赠送部分的钱。

其中，针对储蓄部分的钱，我们可以教孩子建立愿望清单，找到或者画一张想要的东西的图片，贴在相应的容器上，以鼓励孩子积极存钱并且愿意为了自己的目标而耐心等待。这样做，一方面让孩子觉得储蓄是必要的（存够了钱，才能实现愿望），另一方面也会觉得储蓄是一件有趣、让人激动的事（认真存钱，就能实现愿望）。

针对消费部分的钱，不必做太多规定，毕竟孩子需要练习。可能孩子会有一些在我们看来不值得的消费，但这是练习的一部分。不过，我们可以继续帮助孩子区分哪些东西是确实需要的，哪些东西只是自己想要而已，培养孩子按计划消费的习惯（如计划每天可以花多少钱，多少钱花在玩具上，多少钱花在零食上），并且用小本子记录花销流水账。家长可以偶尔跟孩子一起看看这些流水账，适当地做一点引导。

至于赠送部分的钱，我们不要担心孩子不舍得，其实孩子对于自己有能力去帮助别人或带给别人一些喜悦，往往是很有成就感和满足感的。我们只需要自己做好示范，并鼓励、表扬孩子相应的行为。

正确看待输赢

自从安安上小学以后，妈妈就发现她好像特别怕输：竞选小干部失败了，回家伤心不已；小区里孩子们玩词语接龙，她找各种借口不参加，其实是怕自己不如别人；和家人玩游戏，发现自己快输了，就试图耍赖，或者发脾气说这个游戏一点意思也没有……

小孩子怕输是一种正常现象。他们往往在4岁左右就会有怕输的表现，那个时候家长就可以让孩子获得一些输的体验，积累一些对待失败的经验。不过，即便如此做了，到了小学，可能一些孩子还是会很怕输——没有关系，继续给予正确的引导就好。

● **首先要接纳、理解孩子的情绪**

对孩子来说，失败、被别人战胜就意味着受挫，意味着面临挑战。所以，当孩子因此情绪不佳时，讲道理、威胁、羞辱、嘲笑都是没用的。我们首先要理解孩子的伤心、难过，陪伴孩子，抱抱他，摸摸他的小脑袋，或者一起散散步，然后再帮他疏导情绪，表达我们对他的理解，同时表示愿意提供帮助。比如，对他说"妈妈知道你现在有点伤心""你希望妈妈帮帮你吗"。这些在孩子幼儿期有用的方法，现在同样适用。不要因为现在孩子大了些，就对他缺乏耐心，希望他"懂事""理智"，要求他不要闹情绪。

● **教孩子"漂亮"地面对输**

家长自己的心态非常重要。如果我们平时总是要求孩子赢，孩子自然难以淡定地看待输赢。虽然作为家长，都希望自己的孩子赢，但我们也清楚地知道：竞争处处存在，没有人能一直赢下去。那些看起来一直在赢的孩子，终究也有要面对更强对手的时候。能正确面对输、失败，才有助于下一步的成功。

教孩子不能只想赢，也要学着面对输。我们平时可以讲讲自己小时候，或者一些名人经历失败的故事，让孩子慢慢意识到输赢是人生常态，而且相对于赢而言，我们也许能从输里面学到更多东西。

教孩子不要过于看重结果，要关注过程。比如，竞选班干部失败了，但是在这个过程中，鼓足勇气参加竞选、理性分析竞选情况、书写演讲稿、竞选时勇于表现自己……这些都是进步和收获。

家长要能从失败中看到孩子的进步和收获，并引导孩子"看见"，孩子就能关注到自己在成长，把输也当作成长的过程。这样孩子就会慢慢懂得，输和赢并没有那么重要，重要的是在这个过程中是否获得了成长。

教孩子输了没关系，可以考虑如何改进。我们强调要输得起，是希望培养孩子面对失败时积极、乐观的心态，并不是建议无所作为。所以，当孩子输了以后，我们可以引导孩子平静下来，分析原因，找到方法，继续努力。比如，可以教孩子挖掘资源来应对自己受到的挫败、挑战。

首先，启发孩子从自身寻找资源。比如，鼓励孩子开动脑筋，转换思路，多次尝试。"她诗词背得那么好，是因为什么呢？我们也试试她的办法？""你每天多练习，可能就会比爸爸厉害了。"……

其次，启发孩子从身边环境中寻找资源。比如告诉孩子："楼上的小徐阿姨很擅长演讲，要不要请她教教你？"让孩子学会向他人求助，告诉他即便是家人，也要通过主动求助、游说等方式赢得支持和帮助，这也是在引导孩子从小学习调动和赢得环境资源——培养这种能力对于孩子的人生无疑是大有助益的。

避免简单的横向比较，让孩子真正能欣赏别人的优点。在我们大人眼里，常常认为见贤思齐是自然而然的事。但对于孩子来说，学会了欣赏自己，才会欣赏别人。我们平时要尽量减少简单的横向比较，比如老跟孩子说"你看人家舞跳得那么好，你练都不愿意练""人家一页口算题 3 分钟就做完了，你每次都要 10 分钟"……总是在这样的打击之下，他们很难去欣赏别人。

所以，在平时，我们要帮助孩子培养客观评价自己和别人的习惯。具体做法是：肯定孩子好的地方，也肯定别人好的地方；尽量赞扬具体的行为、做法，关注细节和过程；让孩子看到每个人都有长处，大家只是优势点不同而已。这些做法说起来很简单，但坚持下来并形成习惯，需要我们时不时提醒自己。

当孩子真心欣赏别人的优点时，他会更乐观地看到自己的努力方向，更相信自己的不足是可以通过努力来改变的，也就不会太在意一时的输赢。

理性看待性别差异

诺诺是个二年级的小姑娘，数学成绩不太好，做一些思维题明显有些费劲儿。诺诺妈妈有点担心：难道就像大家常说的，女孩子天生数理能力不如男孩，越大越明显吗？

随着社会的发展，虽然大家重男轻女的思想已经发生了变化，男女平等的观念也在不断深化，但生活中，大家对男孩和女孩的性别刻板印象却一直存在。比如，认为男孩更擅长逻辑思维，女孩更擅长语言表达；男孩更好胜，更有攻击性，女孩更有爱心，更温柔一些……这些观点看似无害，但如果不加以留意，其实会影响孩子的发展。

● **男孩和女孩的差别，远没有我们想象的大**

客观来讲，男女是有一些本质差异的。比如男性肌肉力量发达一些，女性肢体协调能力更好一些。但与过去相比，这种差异并不太重要，因为在现代社会，决定个人发展的往往不再是与体力有关的能力。

现实中，我们可能看到男孩和女孩性格上有一些差异，但这些差异主要也不是天生的，而是父母和社会的期望造成的。从一开始，父母和社会对男孩和女孩的期待就是不一样的。

比如，大多数人都会希望男孩勇敢一点，女孩乖巧可爱一点，然后时时处处按照这样的期待去培养孩子。再比如，对于数理学科，如果男孩感到困难，父母可能会相信他只是没有用对方法，没有努力，会想办法鼓励他克服困难；如果女孩感到困难，父母则很可能会认为是女孩数理逻辑能力不行，不自觉地就降低了标准……

● **尽量降低性别刻板印象对孩子的影响**

我们可能很容易想到女孩会受性别刻板印象的影响，但其实男孩也是。比如，我们常常要求"男儿有泪不轻弹"，而忽视了教男孩表达感情、寻求他人的帮助、想办法排解自己的负面情绪，这其实会降低男孩未来从事业和家庭中感受幸福的可能性。

无论是女孩还是男孩家长，都要尽量降低性别刻板印象对孩子的影响。我们可以尝试做到：

给孩子更多选择，不因性别限制他们的发展。只要有利于孩子的未来，那些优秀的特质，比如独立、坚强、谨慎、细致等，都可以培养孩子拥有。另外，只要孩子喜欢，就鼓励他们的兴趣和爱好，而不要去想哪些适合男孩，哪些适合女孩。比如，女孩可以研究汽车模型、武术，男孩也可以喜欢做手工、过家家……

在孩子的学习方面，注意我们的习惯性用语。在生活中，我们要注意向孩子传递"智力可塑造"之类的信息，破除智力跟性别有关的误区，让他们相信大脑越用越灵活，塑造他们的成长型思维。另外，跟他们多谈论努力，少讨论天赋。如果家长总是对孩子流露出在学习上天赋才是决定性因素，那么孩子很可能会因为接受过相关信息而变得不自信。

从个体出发，而不要从群体出发评论孩子。尽量少用"真不像个女孩／男子汉"这样的话来批评孩子。我们的表达要具体，而不要笼统概括，让孩子针对个体思考问题。比如，我们可以说"你们班那个女孩英语发音真标准""楼下那个哥哥挺擅长数学的""这个叔叔真大方"，而尽量避免评论群体，不要说"女孩的语言表达就是比男孩好""男孩学数学更厉害""男的一般都比较大方"之类的话。

通过榜样的力量，帮助孩子摆脱性别刻板印象。因为周围各种信息的影响，孩子可能会认为自己的性别不擅长某一类职业。这时，榜样的力量就很有说服力了。比如，给女孩多讲讲女性科学家、发明家等各领域杰出女性的故事。

意识到我们的目标其实是想培养一个优秀的人。我们希望孩子健康、快乐、有智慧、有创造力、清楚地知道自己的需要和情感、有自尊心和同情心、懂得关心他人……如果习惯于从这个角度出发，我们可能就不会过多地去想男女有别了。

爱生活，爱家乡

简简一家平时生活在北京。每年春节，爸爸妈妈都会带简简回外地老家。但每次简简都不太乐意，因为她觉得老家冬天没有暖气，太冷了，又觉得老家没什么好玩的，去一次商场得开好久的车，不像北京有很多商场。但对于北京，简简也说不上喜不喜欢……

上了小学以后，孩子们获取信息的渠道变多了，获取信息的能力也越来越强。他们对各种新奇、有趣的事物着迷，然而对长期生活的城市或者祖籍家乡，却因为习以为常而不愿或缺乏了解，导致感情比较淡薄。

有了了解，才能更好地去爱。为了让孩子真正地爱生活，爱家乡，我们就要帮助孩子更多地了解生活的城市以及他们的祖籍家乡。

● **走走、看看，感受当地的风光之美**

节假日的时候，安排时间带孩子出门转转，看看当地的自然风光，参观一些景点。走走看看，既锻炼了身体，增长了见识，又在无形中让孩子对当地有了更多的了解，一举多得。

在这个过程中，我们还可以趁机对孩子进行环保教育。因为身临其境，孩子会更加感到保护环境的重要性，也会更愿意去思考自己可以做些什么，并付诸实践——爱生活，爱家乡，从小事做起，从环保做起。

● **带孩子感受当地的风土人情**

不同的地方，有不同的风土人情。带孩子走走街、串串巷，听一听当地的方言，尝一尝当地的特色美食，试一试当地的传统服装，看一看当地的特产是怎么生产出来的，参加当地的民俗活动……对于孩子来说，应该会是很有趣的经历。

● **带孩子了解当地的历史**

可以去参观当地的博物馆、历史遗迹。在出发之前，建议提前做一些准备。

比如，给孩子讲一讲相关的历史故事，有助于引起他们的参观兴趣，让他们更愿意出游并仔细参观。还可以找一些他们能够读懂的，有趣有料的相关历史读物或者纪录片等视频资料，带他们一起阅读、观看，帮助他们更深入了解相关历史。这类资料可以"打前站"（一般而言，趣味性较高的资料适合"打前站"），也可以作为参观后的拓展材料，家长可以视资料的内容和孩子的兴趣而定。

实地探访加上阅读、观影等手段，能让历史立体、鲜活起来，也有助于孩子萌发对历史的兴趣。

● **引导孩子感受当地的变化**

虽然我们大人总说这里、那里变化快，但是对于小学低年级的孩子来说，他们的知识、阅历都是有限的。他们可能会觉得生活的城市或祖籍家乡一直是现在的样子，没什么好了解的……可以让他们看看老照片、纪录片，听当地老人讲讲过去的事。了解当地所发生的变化，能让孩子感受到当地在一天一天变好，并对未来充满希望，不再认为当地的发展和自己没有关系，进而生出愿意为生活的城市或祖籍家乡贡献力量的想法。

● **鼓励孩子担任小导游**

在孩子对当地（尤其是长期生活的城市）有了比较多的了解之后，可以鼓励他们担任小导游的角色，给外地来的亲戚朋友介绍当地的景点、历史、风土人情。如果有时间的话，在保证安全的前提下，甚至可以去给陌生的游客担任免费的导游，在给别人带来方便的同时，也锻炼了自己的社交能力与口才，同时又能继续增进对当地的了解。

学习承担责任

虽然已经是一年级下学期了，但是冉冉姥姥每天都会给冉冉收拾书包。有一天老师批评冉冉没有带数学作业，冉冉回家一个劲儿地责怪姥姥，大发脾气。平时，家里有人生病了，冉冉也不知道要问候一下，更不知道帮忙倒杯水什么的……

在小学低年级，孩子处于一种积极的准备和接受状态，如果给予必要的刺激和帮助，相关的行为就会迅速发展起来。小学时期是孩子责任心产生和初步形成的重要时期。但现实中，一些孩子连自己力所能及的事情都在大量由家人代劳，更不用提主动关心他人，为他人做一些事情，表现得就像自私、冷漠的小霸王……

● 培养孩子积极做事的习惯，鼓励他们为家庭出一份力

首先我们要让孩子学会为自己的事情负责。不会为自己的事情负责，就很难谈及为家庭出一份力。七八岁的孩子各方面能力都比较强了，自己的事情自己做，这是最起码的要求。家长不要因为担心孩子做得慢、做得不好，而包办代替——毕竟孩子是一步步成长的，没有锻炼，就没有成长。

其次，让孩子意识到为家庭出一份力，是他慢慢长大、能力越来越强的标志。我们可以请孩子认领任务（不要太多、太难，要循序渐进），引导孩子做计划表，鼓励孩子按计划进行，给予及时的评价（不要吹毛求疵，以表扬为主）。家人的认可，加上为家庭出力以后感到的快乐，慢慢地，孩子的习惯就培养出来了。

最后，注意引导孩子关爱家人。我们给了孩子非常多的爱，甚至全家人的注意力都在孩子身上，这无可厚非。但是，也一定要引导孩子学会关爱家

人——这既是孩子对家人爱的回应，同时，孩子也会从中逐渐懂得自己可以为家庭的幸福、和谐尽一份责任。

比如，给长辈盛饭、端饭，有好吃的和家人一起分享而不独食，给爷爷奶奶捶捶背，给刚下班的爸爸妈妈倒杯水，节日时给家人画张贺卡、做个手工小礼物，问候生病的家人并提供力所能及的帮助……

当然，家长的示范也非常重要。我们希望孩子做的，自己首先要做到。比如，关心老人的身体状况，老人不舒服的时候仔细询问并认真照料；夫妻之间互相关心，妻子给忙于加班的丈夫送份水果，丈夫请妻子去休息而自己承担家务……一个充满爱的家，才更容易培养出有责任感的孩子。

● 引导、陪伴孩子为更多人做事，培养社会责任心

孩子小的时候能量小，把一件件小事做好就很棒。培养社会责任心，要切实从孩子真正能做的事情开始。

比如，在环保方面，带着孩子从小事做起：遵守垃圾分类的规则，出门买东西带上环保购物袋，尽量不使用一次性餐具，使用纸张时不浪费，主动节水节电……

比如，不要认为做公益是富人和名人的事情，也不要认为做公益只能是较大手笔的捐款、捐物。公益是我们每个人都可以做的，并且，生活中时刻都有做公益的机会：给孩子零花钱的同时，可以引导他从中留出一小部分，以备攒起来捐赠给公益机构；换季时带孩子整理出旧衣物和用品，找渠道捐给需要的人；领孩子去养老院、孤儿院献爱心；假期里还可以带孩子去贫困山区，给那里的孩子做点什么……

了解小学教育，建立合理期待

川川今年6岁，是一年级新生。他明显感觉到自己上小学之后，爸爸妈妈变得很容易生气，对自己各种不满意……川川不明白，为什么他上小学了，爸爸妈妈就变了，难道是爸爸妈妈对自己的爱变少了吗？

很多上小学的孩子会有类似川川这样的感受，他们感觉爸爸妈妈爱的不是自己，而是自己的成绩。成绩好，爸爸妈妈就和颜悦色，成绩不好，爸爸妈妈就爱发脾气。这让孩子很困惑也很有压力。

● 找对关注点

一旦孩子进入小学，家长就开始过于关注孩子的成绩，这显然是不合理的。在小学阶段，孩子主要是学习基础知识和基本技能，培养良好的思想道德品质，提高身体、心理素质，具备国民应有的一些基本素质，为今后的成长创造条件。

父母对这一阶段孩子的关注点会直接影响孩子对学校、对学习的感受，以及对未来学习目标的建立。孩子上小学后，建议从三方面给孩子关注。

第一，关注孩子的规矩意识。有规矩，才能成方圆。相比幼儿园，进入小学以后，孩子需要学习更多的规矩。帮助、引导孩子学习守规矩，既是在学习坚守人生的底线，又是在学习如何践行规范的德行。这会帮助孩子形成自律和责任意识，对孩子未来影响深远。

第二，关注孩子是否有好奇和热爱的能力。对大自然、对生活、对学习等好奇、热爱，才能有活力，活出生命的丰盈。

第三，关注孩子是否有良好的感受。无论是在家里，还是在学校，我们都希望孩子能产生良好的感受。比如，在家里能感受到爸爸妈妈恩爱和谐，生活每天都很开心很向上；在学校能感受到老师、同学的关系亲近、友好，能发现学习的乐趣……

关注以上三点，围绕其引导、支持孩子，可以让孩子对小学的生活充满热爱、信心、动力，同时也逐渐在规矩中促进自我的成长。

● **建立合理的期待**

期待是一把双刃剑。合理的期待，才是孩子成长的助推器，才能为孩子的健康成长、终身发展助力。

要遵从孩子的身心特点，了解孩子真实的成长状态，制定与孩子兴趣和能力相符的目标。允许孩子成为他想成为的样子，而不是父母想要的样子。我们要意识到，孩子是独立的个体，不是我们的"复制品"，不要期待由孩子来实现我们未竟的理想或者期待孩子复制自己的成长之路。

我们需要更在意孩子的全面发展而不是只盯着分数，我们需要重视孩子的道德品质、社会交往、身心健康等各个方面。比如，关注过程而不是只盯着结果，要看到孩子的努力，鼓励孩子积极向上。

学会和老师建立有效沟通

可可今年刚上小学一年级，妈妈很想知道他在学校的情况。每天放学回家，妈妈都会问可可在学校过得怎么样，但可可的回答总是很简单。为此，妈妈想向老师了解一下，又不知道该怎么问，还担心会不会打扰老师，会不会说错话给老师留下不好的印象……

老师是除了父母之外，对孩子影响最大的人。父母和老师的沟通，是可以直接影响到孩子的学习和成长的。父母和老师建立良好的沟通关系，能为孩子的成长营造良好氛围，为孩子健康成长助力。

● 沟通教育理念，帮老师了解孩子

如果家庭和学校教育理念统一，会更有助于孩子的成长，所以家长和老师关于教育理念的沟通很重要。家长可以真诚地把自己对孩子的期待，以及对老师的合理期待告诉老师，并听取老师的看法，一起探讨，以保证理念的科学性，目标和期待的合理性。

在合适的情况下，家长可以酌情向老师介绍家庭环境、家庭成员及关系状态、孩子的成长经历等，让老师对孩子有更多的了解，以便能够有针对性地支持孩子在学校的成长。

● 向老师了解孩子在校的人际关系

孩子在学校的人际关系，很大程度上会影响孩子对学校、对学习的态度。家长需要多关注孩子在学校的人际交往情况，如孩子和各科老师的关系，孩子和自己班、外班级同学的关系等。除了询问孩子自己，也有必要问问老师，看看从老师的视角怎么看，必要的时候还可以请老师提供指导和帮助。

● 可以多向老师求助学习问题

当孩子在学科学习上出现问题，家长可以多向老师求助。向老师了解孩子在课上的听讲情况以及作业情况，再和老师探讨孩子当下面临的学习问题、

困惑，向老师请教调整方法，等等。老师的关注不仅可以直接帮助解决眼下的问题，还能给孩子自我提升的信心。

● **表达认可和支持**

每位老师都渴望得到家长的认可与支持，所以，可以向老师直接表达自己对他的认可和支持。如果你想为班级做些事情，也可以向老师申请家长委员会成员资格，把自己具备的优势、资源以及自己的一些想法、建议告诉老师。当然，无论是否当选，都可以积极为班级事务出力。

● **换位思考，真正替老师着想**

我们和老师的沟通要放下过度奉承的私心，顺其自然、积极配合老师的工作，发自心底的尊重，才是我们对老师的正确态度。比如，不要占用老师太多时间，毕竟一名老师要面对的是整个班的学生和家长；不要在不恰当的时间联系老师，比如深夜或其他休息时间……总之，注意换位思考，多替老师着想。

帮助孩子提高学习效率

豆豆刚上二年级，每天写作业都会让妈妈的情绪像过山车一般。因为，每次写作业豆豆都会在椅子上动来动去，好像椅子上长了钉子，时不时起来弄弄这个，弄弄那个。要么就是坐在那里磨磨蹭蹭，尤其是做数学作业时，一道计算题要拖很久才能动手做……妈妈的情绪也因豆豆的状态而起伏不定。

很多孩子在写作业的环节里状况百出：不想写、写不好、算不对、坐不住、边写边玩儿……虽然孩子还在小学低年级，不少家长已经感到对于陪伴学习这件事，自己难以应对了。同时，可能又很困惑为什么别人家的孩子能够做得那么好。

● **找到影响孩子学习效率的因素**

　　小学低年级的孩子正处在活泼好动、思想天马行空、行动古灵精怪的天真烂漫状态。在这个阶段，如果我们要求他一直规规矩矩坐在椅子上，全身心投入，专注写作业不走神，其实是一件很难的事。因此，家长首先要降低自己的期待值，不要过于严苛。然后在此基础上，去找到孩子学习效率低的原因。

　　一般而言，比较显而易见的原因有：没有掌握相关知识点，做作业感到困难；对某学科不感兴趣、缺乏信心；休息时间不够，没有做到劳逸结合，处于疲劳状态；等等。

　　除此之外，家长还要留意是否存在另一些相对隐蔽的原因。比如，孩子自己的想法一直没有实现，面对家长的安排自然抗拒，如孩子想先玩会儿再做作业，家长却坚决不同意；家长的表达方式让孩子很反感；孩子在过往的成长经历中没有感受到学习带来的快乐；孩子对学习的认知有偏差，比如一遇到挫折就认为是自己学不会；缺少体育运动或户外玩耍时间，不利于注意力的集中；家长包揽过多，孩子缺乏锻炼，没有规划和时间观念……找到具体原因，再有针对性地想办法处理，才能事半功倍。

● **放下指责、逼迫，保护孩子的专注力**

　　孩子天生就有专注力，对于自己热衷的事，他们会全身心地投入。从很小的时候开始，孩子就经常会出现"非常专注地反复做一件事"的情况。当孩子的这种专注被允许、被支持，孩子的专注力也就得到了保护。

　　可惜的是，有时候家长会干扰、阻碍孩子，破坏孩子的专注力。比如孩子正在专心看书或者摆弄玩具的时候，家长可能一会儿让孩子吃水果、一会儿让孩子喝水、一会儿给孩子提游戏建议……

　　孩子上学后，一些家长对孩子的学习不满意，一直挑剔、指责孩子，强迫孩子按照自己的期待做。比如，孩子写作业时，一出现问题，就忍不住批评。这样其实也是在破坏孩子的专注力，让孩子的学习过程没有快乐可言，导致的结果就是孩子对学习越来越厌烦。

正确的做法是在一旁陪伴，但不要唠叨，更不要大肆批评。即便真的存在较多问题，也要尽量心平气和地给孩子讲解，并表扬孩子做得好的地方，帮助孩子树立信心。

● **尝试让学习过程变得愉快**

一旦孩子感到学习是快乐的，学习效率自然会提高。减少批评和指责，是让孩子对学习过程感到快乐的基础。但家长还可以想一些办法让学习过程变得有意思。

其中一个很有效的办法就是利用游戏。游戏是最适合孩子的学习方式，更有利于吸收知识。低年级的孩子，对游戏依然充满兴趣！在他们的世界里，一切都可以玩起来。比如，如果想锻炼孩子的加减法口算能力，可以一起玩牌：把一副扑克牌中的大小王拿掉，剩下代表 1~13 的牌，制定规则，亲子之间互相抽取扑克牌，然后亮牌并依据规则快速算出答案，谁算得又快又准确，就收取对方的牌……也可以一次性抽 2 张或 3 张来增加难度。

提升自我，做成长型父母

晨晨妈妈突然发现 8 岁的晨晨越来越敏感，不爱说话，笑得也越来越少。后来医院的检查结果表明晨晨的症状已符合抑郁症的诊断标准。医生说抑郁的孩子都是对于外在的压力自己无法消化，同时咽下了很多情绪。在医生的追问下，晨晨妈妈发现自己对孩子几乎不了解，也不懂科学的教育方法，很后悔自己家庭教育素养不够，没有及时给予孩子有效的帮助……

虽然这个例子看起来比较极端，但当下像晨晨这样出现抑郁症状的孩子并不在少数。同时，有不少家长像晨晨妈妈一样不了解家庭教育的方法，随着孩子的成长，在教养孩子方面的无力感与日俱增。我们需要意识到，要助力孩子的健康发展，我们就要重视自我成长。只有先让自己成为成长型父母，提高自身素质，才能真正助力并滋养孩子的生命成长！

● **积极学习，更好地担负起家庭教育的责任**

2022年1月1日《中华人民共和国家庭教育促进法》正式实施。中国家庭步入依法带娃的时代，家长必须负起、负好家庭教育的责任。

家长需要意识到家庭教育不是管理，而是示范和引导。父母不仅是孩子的第一任老师，同时也是孩子的终身教师。父母要真正具备示范和引导的能力，就需要启动家庭教育学习模式。

当前的学习途径非常多，如传统形式的读书、各种App听书、线上课、各种主题的直播、各种育儿交流群、线下沙龙、线下工作坊……家长可以根据自己的时间和需要，选择不同的途径进行学习。通过学习，家长可以了解家庭教育的目的、内容、方式等，从而提升自身的家庭教育素养。同时，也为自己的孩子树立爱学习的榜样。

● **通过学习，重构、修复家庭成员之间的关系**

家庭成员之间的关系，直接影响我们的幸福度，同时也关系到我们对孩子的教育。家庭成员之间的关系，主要包括我们与父母的关系、夫妻之间的亲密关系、亲子关系。可能我们会很看重亲子关系，但实际上，在这些关系中，对孩子来说，父母之间的亲密关系同样非常重要。夫妻之间关系好不好，会直接影响亲子关系，影响孩子的身心发展。而我们与我们父母的关系，又会影响夫妻之间的亲密关系。

因此，当我们思考有关孩子的教育，尤其是出现问题时，我们需要认真审视，积极学习，以重构、修复家庭成员之间的关系。

● **持续性的学习，疗愈自我**

很多父母都有过这样的经历：下班回到家的时候，如果非常疲惫，就很容易对着孩子生气、发火，见不得孩子犯一点点错误；如果轻松愉快，就会温柔对待孩子，也能容忍孩子的一些错误了……

毫无疑问，孩子不应该是我们发泄情绪的对象。所以，教育孩子之前父母要先调整好自己，先满足自己的心理需求，只有疗愈好自己了，才能有足够的精力去正确地教育孩子，才能给孩子更多的爱。

我们每个人心中都有一个内在小孩。当内在小孩受伤后，他会随时跳出来，干扰我们的生活。每一个内在小孩都渴望被爱、被关注、被疗愈。持续性的学习是我们了解、疗愈内在小孩的重要途径。

我们需要学习回应我们的内在小孩，需要学习释放内在小孩被压抑的情绪。比如，学会去了解自己的身体，注意身体发出的信号；学习和内在的自己对话；关注、记录和分析自己的梦；等等。只有学会和内在小孩好好相处，让内在小孩与我们融为一个整体，和我们一起成长，才能实现自我疗愈。这可能会是一个漫长的成长过程，需要持续性的学习。

在做家务中培养孩子

豆豆上二年级了，但一点都不会收拾房间，屋子里总是乱七八糟的，经常找不到学习用品。豆豆对学习也没什么兴趣，从不主动做那些口头的读书作业。对比之下，楼下的天天就是一个学习好还喜欢做家务的"天使"

孩子，天天妈妈总说做家务其实能促进学习……

小学低年级的孩子各方面的能力都比较强了，可以参与很多家务劳动。一些家长认为做家务对孩子没什么助益，甚至认为做家务耽误学习时间。而实际上，让孩子从小做家务，是培养孩子多种素养的重要途径。比如，我们期待孩子具备的自我价值感、主动性、执行力、学习力、专注力、条理性和归类能力等，都可以通过家务活动来培养。

● **做家务，提升孩子的自我价值感**

自我价值感从哪里来？自我价值感主要来自生活。生活中，自己能处理很多问题，会做很多的事情，甚至别人不会的自己也会……当一个孩子生出这样的信念时，他的自我价值感会非常高。而做力所能及的家务，会有助于孩子形成这样的信念。

一些父母为了让孩子安心学习，什么家务都不让其参与。但是到了初中、高中的某个时刻，孩子突然就没有学习的动力了……其中一个重要原因可能是孩子找不到自我在生活中的价值感了。而如果孩子从小就开始为家庭做事情，他会觉得自己是被需要的，他会感受到自己存在的价值。同时，来自家人的肯定、赞美、表扬，都能够帮孩子建立"我行""我可以"的自信。而这种自我价值感，会自动迁移到孩子生活的其他方面。

● **做家务，培养孩子的优良个性品质**

虽然家务活儿看起来都是一些小事，但做家务的过程，往往就在不经意间培养了孩子优良的个性品质，并且不止我们通常所认为的"勤劳"。

比如，参与家务劳动，能让孩子感受到做家务的辛苦，从而学会关心、体谅家人。同时，有些家务活儿是一个人无法独立完成的，孩子需要寻求帮助或与家人合作，这样还能培养孩子解决问题的能力。因为经过反复多次的锻炼，孩子会学到当问题来了，自己该如何解决，并且能够通过实际体验总结出最好的方法。当孩子带着这样的习惯、思维、能力走向社会的时候，他就更容易关心他人、体谅他人，遇到问题时懂得向他人求助，与他人诚挚合作，这样既能建立良好的社会关系，又更容易成功。

另外，做家务也可以培养孩子的毅力、意志。家务活儿的繁杂、琐碎、持久是非常考验人的毅力的。经常做家务，有助于孩子在枯燥、单一中学习坚持的品质。

● 做家务，助力提高学习成绩

餐具、衣物、学习用品、玩具的整理和收纳，都涉及分类能力。经常参与这类家务，可以很好地锻炼孩子做事的条理性，也直接有助于孩子学习小学数学中有关"分类"的知识点。

另一方面，由做家务形成的习惯、能力会迁移到学习上来。比如，一个在生活中勤劳、有责任感的孩子，更有可能主动承担起自己在学习这件事上的责任；一个懂合作的孩子往往更容易借助他人的力量学到更多的东西；一个有毅力的孩子在遇到难题时，不会轻易退缩；一个做事条理性强的孩子会更善于充分利用时间，合理规划学习，提高效率。

化解隔代教育分歧

因为琳琳爷爷对琳琳的娇惯纵容，琳琳妈妈很有意见，在和爷爷沟通时发生了冲突。而琳琳爸爸不但没有和她一起与爷爷理论，还指责她"事儿多""斤斤计较"，甚至说了"有本事自己带"这样的话。这让琳琳妈妈非常生气、伤心，甚至想到了离婚……

在当下的中国城市家庭中，有很多家庭是祖辈参与育儿的。老人辛苦付出，帮助了年轻的父母们，但不得不承认，隔代养育也会引起一些问题。那么，应该如何实现三代人的共赢？

● **做好思想准备，彼此尊重和理解**

当年轻的父母无法自己养育孩子，需要老人介入时，全家人都要有思想准备来共同面对和接受三代人在一起生活、养育孩子的利弊。无论是在生活习惯还是养育孩子的问题上，都需要彼此之间的尊重与理解。两代人矛盾的焦点往往是教育理念不一致，这就需要大家经常能坐下来，带着"我们是一家人，我们共同的出发点就是齐心协力养育好孩子"的核心思想，一起讨论。

● **不过于依赖祖辈，父母多多参与孩子的教育**

我们需要真正意识到，在孩子的教育问题上，祖辈实际上无法完全代替父母。所以，父母即便自己再忙，也要尽可能安排出时间陪伴孩子：一起聊聊天，亲子共读一本书，一起做个小游戏，节假日一起出游……尽量和孩子一起生活，关注孩子，引导孩子，让孩子在两代人的关爱中健康长大。

● **厘清彼此的边界，形成家庭公约**

边界混乱不清，是隔代养育家庭中出现的主要问题之一。因此，祖辈和父辈两代人都要学习厘清彼此之间的边界，确认各自的责任、义务、从属关系，甚至可以设置"家庭公约"或"养育规则"。比如，双方之间应相互理解、包容，求同存异。当双方教育理念有冲突时，祖辈要甘当配角，维护孩子父母的教育权威，并给予具体的协助，可以灵活把握一些细节，但绝不干预孩子父母的教育方向。同时，年轻的父母在表达不同意见时，要真正做到尊重祖辈。

8~10岁

本阶段孩子身心发展

8~10岁的孩子一般处于小学的中年级阶段。度过了小学生活的适应阶段，学习真正开始成为孩子的主要活动，其社会关系也开始趋于复杂多样。在这一阶段，家长与孩子之间容易沟通，亲子关系也较为融洽。同时，孩子心理正处于快速、协调发展的时期。这个阶段是促进孩子智力发展、培养良好品质和习惯的好时机。

体格发育

肌肉发育方面，这个阶段孩子肌肉发育速度明显加快。但小学生的肌肉发育总体呈现"两早"的特

点：第一，大肌肉群的发育要早于小肌肉群；第二，肌肉长度的增加要早于肌肉横断面的增大。

在生活中锻炼的时候，要注意避免比较用力和动作幅度比较大的动作。另外，对于运用小肌肉的精细动作，要求仍然不能过高。

心智发展

在注意力发展方面，到了四五年级，孩子的有意注意基本占主导地位。随着各种学习活动的进行以及自身知识水平的提高和抽象逻辑思维能力的发展，他们对具有一定抽象性的材料的注意也逐步发展起来。

在记忆力发展方面，这一时期的孩子已经可以较多地采用有意义识记的方法，记忆策略上从不进行复述逐步过渡到自发地进行复述，对词的抽象记忆也在迅速发展。

在思维力方面，这一时期是小学生思维发展的关键时期——从具体形象思维为主过渡到以抽象逻辑思维为主。

在想象力方面，这个阶段的孩子有意想象的成分大大增强，已经能够初步控制自己的想象，想象也更加接近现实。同时，随着各种经验的逐渐丰富以及认知能力的逐渐发展，他们初步具有了创造想象的能力。

个性和社会性发展

在品德方面，这个时期孩子的道德判断从简单依据社会的、他人的规则，逐步过渡到依据内心的道德原则。他们逐渐意识到了个人和集体、祖国的关系，在日常的生活中初步建立起爱国主义情感、集体荣誉感、责任感、义务感和正义感等。

在社会性方面，进入中年级，孩子对友谊有了进一步的认知，开始懂得朋友之间应该相互同情、相互帮助，以及忠诚的重要性。同时，来自同伴团体的力量开始对他们产生越来越深刻的影响。父母需要处理的日常教养问题也发生了变化，出现了一些更新更复杂的问题，例如如何安排孩子做家务，如何监督孩子的课外活动，如何引导孩子的人际交往等。

一起健康、安全地生活

学会正确清洗衣物

　　元元 9 岁了，爸爸妈妈认为需要加强他生活自理能力的培养，比如，自己的衣服自己洗。元元爽快地答应了，因为他认为洗衣服超级简单，不就是把衣服放进洗衣机？元元当天就把自己换下来的外衣、外裤、内衣、内裤、袜子一股脑儿全放进洗衣机里，倒上洗衣液，关好舱门，摁下"超快洗"键。元元认为自己做得很好，妈妈却觉得要认真指导元元怎样正确清洗衣物……

　　这个阶段，家长可以有计划地引导孩子掌握更多的生活自理技能。比如，在正确清洗衣物方面，教孩子相对全面的知识和技能，包括教孩子如何使用洗衣机，如何将衣物分类清洗，以及了解不同的洗涤剂，了解简单的消毒知识等。

● **正确使用洗衣机**

洗衣机上有很多按键，代表不同的功能。给孩子说明不同功能键的使用，简单解释其背后的工作原理。

告诉孩子不同衣物需要分类清洗。除了让孩子了解不同材质的衣物需要不同的清洗方式，了解机洗和手洗的区别，还需要让孩子了解基本常识，比如需要懂得内裤、袜子应分开清洗。

此外，还需要带孩子了解一些注意事项，避免一些错误动作。比如，不能将洗涤剂放错位置，不然可能会使清洁效果不到位；洗完衣服后，不要立即关舱门（或盖子）。因为洗衣机内部环境十分潮湿，如果不通风，会滋生霉菌。所以，洗完衣服后，要敞开洗衣机舱门（或盖子），让洗衣机内筒自然风干；同理，不要将洗好的衣服长时间放在洗衣机里，应该及时取出晾晒。

再者，让孩子了解洗衣机本身的清洁事项，比如每次洗完衣物要顺手擦一擦橡皮圈。另外，建议家长教孩子手洗衣物的方法和技巧，让孩子认识到对于某些衣物其实手洗更方便、更节能。

● **学会使用常见洗涤剂**

孩子需要认识家庭常用的衣物洗涤剂，如洗衣粉、洗衣液、肥皂、消毒液、除菌液……了解其特点和功能，并学会正确选择使用。在实践中，教孩子给不同材质的衣物匹配相应的洗涤剂。另外，让孩子了解消毒剂不宜频繁使用。

与此同时，家长还可以带孩子了解一些天然的清洁剂，比如柠檬可以用来漂白衣物。

另外，家长还可以带孩子一起了解在没有现代洗涤剂的年代，人们是怎么清洗衣物的，用的是哪些天然洗涤剂……有兴趣的话，不妨体验一下草木灰、皂角、茶籽粉等天然洗涤剂的效果，去探究一下它们的清洁原理。

科学锻炼身体

　　最近，康康看书、写作业的时间比较长，活动量比较少，看着好像胖了不少。爸爸妈妈让康康称称体重、量量身高，发现果然增重不少，但个子却没长。康康说自己要锻炼了，于是吃完晚饭后使劲跳绳，结果把自己跳得肚子疼……

　　十来岁的孩子会开始关注身高、体重，家长可以借机培养他们锻炼身体的兴趣和能力，让锻炼身体、保持身体健康成为孩子的日常生活内容。家长可以带孩子了解体育锻炼的基本常识，学习锻炼身体的技能，提高对锻炼身体的兴趣，形成锻炼身体的主动性，进而塑造良好体形，提升体能。

● **了解体育锻炼基本常识，培养多元兴趣**

　　要让孩子了解体育锻炼的基本常识，比如锻炼前应做哪些准备活动，锻炼后应做哪些整理活动。带孩子了解常见体育项目的特点和要求，如田径类对力量和速度有较高要求，球类对灵敏性和弹跳等有较高要求，帮助孩子了解哪些项目适合自己。

　　根据实际情况，从孩子的兴趣和基础条件出发，选择锻炼项目（如各种球类、跑步、游泳、跳绳等），开始学习相关技能。以学会为标准，熟练掌握该项目。引导孩子量力而行（如运动量要适度）、合理安排，直至达成目标。

　　孩子可能会对多个项目都表示有学习的兴趣，条件允许的话，建议让孩子多尝试，但具体锻炼计划

可以有所侧重，优先培养孩子有天赋、有兴趣、愿意且能够坚持锻炼的项目，开展有计划的持续训练，同时辅以其他锻炼项目。

对那些孩子感到困难但被要求达到某标准的锻炼项目，如学校要求的跳绳、游泳、跑步等，需要给孩子提供适当的帮助。比如，陪伴孩子克服困难，尝试分解动作，以孩子当下的能力为基础，鼓励孩子由简到难，逐步练习。可能的话，增加锻炼过程和方式的趣味性……帮助孩子掌握技能，提高锻炼效率，产生持续锻炼的信心和兴趣。

● **重视塑造良好体形**

关于塑造良好体形，家长首先需要引导孩子了解有关身体形态的知识，包括体重、身高、身体比例、姿态等，了解身体形态的哪些方面跟遗传关系密切，哪些受后天的营养、运动锻炼、个人行为习惯等影响较大。比如，身高、腿长等受遗传影响较大，体重则跟营养摄入和运动锻炼有较大关系，了解保持健康体形的基本做法。

其次，家长需要结合具体场景引导孩子保持良好的体态。比如，不要给孩子使用单肩背包，避免双肩长期受力不平衡导致脊柱侧弯。让孩子知道错误的坐姿（如长时间趴在桌上写作业）、站姿、卧姿等都可能会对身体形态产生不良影响，比如会导致头前倾、脊柱侧弯、长短腿、骨盆前倾、圆肩驼背等。

● **找对方向，促进体能提升**

家长可以引导孩子了解身体机能相关知识，了解身体各个器官、系统的功能，如心肺、神经系统、代谢系统、内分泌系统、免疫系统等，进而了解哪些行为会对身体机能产生影响。

身体素质包含速度、力量、耐力、柔韧、灵敏、协调等方面。家长需要了解这个年龄段孩子的相关特点，判断孩子身体素质方面的优势和劣势，知道孩子当前需要提升的方向，比如是需要加强身体柔韧性还是提高 50 米跑的速度，并且带孩子学习相应的方法技能，有计划地训练提升。

提升体能以平衡为主，不建议这个年龄段的孩子过度开发专项运动能力，应鼓励孩子参与多项体育运动，才有助于孩子身体的全面发展。

应对困难和挫折

乐乐在四年级时转入了一所新学校，开始时每天都挺开心，觉得老师和同学都很友好，还跟同桌曼曼相处得很好。但一个月后，妈妈发现乐乐有点闷闷不乐，也不再跟她分享当天发生的新鲜事情了。妈妈问原因，乐乐表示没什么。过了好几天，她才十分委屈地说了原因：她跟曼曼有矛盾了，每天闹别扭，很不开心。她请老师把她们的座位分开，老师不仅没同意，还批评了她……

随着孩子的独立能力进一步发展，当他们遇到一些来自学习和生活中的困难时，可能不再像之前那样会积极主动地告诉家长，他们对家长开始有所顾虑、有所保留，愿意尝试自己去解决问题。所以，在留心观察并与孩子保持良好沟通的同时，家长有必要注重引导孩子学习如何应对困难和挫折。

● 适度的帮助

正确面对困难和挫折是每个人成长道路上的必修课。家长需要从具体的生活事件中引导孩子，帮助孩子发展克服困难、应对挫折的能力。

在指导孩子时，建议家长把握适度这一原则。我们需要知道：孩子在遇到适度的困难或挫折的情况下，更容易发展克服困难、应对挫折的能力。但如果在困难很大或者非常受挫的情况下，孩子通常需要得到来自外力的帮助，不然一旦他们难以凭自己的力量去克服困难，内心就会长时间充满挫败感，继而可能形成畏难情绪，遇到困难、挫折时一律退缩、逃避。因此，在生活中，锻炼孩子抗挫能力的前提是——家长要能准确判断孩子遇到的困难或挫折情况，然后采取正确的处理方式。过度保护不可取，但过于冷眼旁观也不可取，得有度。

举个例子，孩子在完成一个手工任务的时候，做着做着嫌烦琐，直接让家长帮忙做完。此时家长如果直接帮孩子做好，那孩子就失去了一个克服困难的机会。如果家长找到原因，理解孩子的烦躁，建议孩子缓缓情绪，然后陪着孩子做一会儿，过了那个"坎儿"，孩子很可能就愿意做下去，同时获得了一个成功克服困难的成长过程。

也就是说，对于孩子遭遇的挫折，家长的干预、帮助等尽可能做到精简，只做必要的，尽量让孩子发掘自身力量去面对，最终把挫折转化为成长的资源。但要注意的是，提升抗挫能力的直接效果是让孩子因此变得更勇敢和坚强。如果孩子变得更脆弱、畏难，那么家长需要重新审视孩子面对的困难和挫折，及时提供引导、帮助。另外，十分不建议为了提升孩子的抗挫能力，刻意地去给孩子制造困难和挫折。没有必要那样做，孩子日常生活中面临的困难和挫折已经足够了。

● **调节消极情绪**

调节情绪是孩子需要学习的难度较高的能力，包含管理自己的情绪和感受、应对他人情绪的能力等。受大脑发育程度影响，这个年龄段的孩子自我调节情绪的能力相对较弱，需要得到来自家长的引导和帮助。

受挫时，孩子必然会产生消极情绪。作为家长，我们希望孩子能学会调节这些消极情绪。但现实是，在没有经过指导的情况下，孩子在消极情绪产生之后，通常会通过各种方式去掩饰这些消极情绪。他们可能会采取逃避、回避的态度，假装没事，或者通过吃东西、玩游戏等转移注意力的方式去掩饰当下的情绪，以为这样就算是调节好了，可事实上问题依然存在，孩子还会继续被影响。这个年龄段的大部分孩子，或者说孩子们在大部分的情况下，会无师自通地采取这类方式。只有相对少数的孩子，或者说孩子们在相对少数的情况下，会通过解决问题的方式去摆脱消极情绪。比如因为错误行为被批评了，起初很沮丧、难过，但接下来他们通过改正自己的行为，寻求安慰、帮助等方式，让消极情绪不再影响自己。

所以说，家长能帮助孩子的前提是孩子的消极情绪能被家长发现。因此，家长需要观察孩子，跟孩子多沟通，对孩子的情绪反应保持一定的敏感性，了解孩子是怎么对待、调节消极情绪的，然后在具体的生活事件中指导孩子。

比如，孩子因为考试成绩不好而情绪低落，翻出来很多练习册准备做，但根本无法集中精力。此时，家长应该先表示理解孩子，充分共情，鼓励孩子说出自己的情绪和感受，然后建议孩子先去做一些自己喜欢的事，调节好情绪，再来思考考试失利的原因，找到改进的方法……

建立友谊，获得人际支持

三年级下学期，冬冬开始对上学不是很积极，放学回家也闷闷不乐。爸爸妈妈问他，他也说不出什么原因来，就一个劲儿说上学没意思，不想去上学。妈妈猜想他是不是在学校挨批评了，于是跟老师沟通。老师反馈说冬冬在学校表现不错，没被老师批评过。后来，冬冬快要过生日的时候，妈妈让他邀请几个同学来家里一起玩，冬冬却说没有同学可以邀请，自己在学校里一个朋友也没有，上学没意思透了……

三四年级的孩子开始寻求能玩到一起、聊到一起的小伙伴了。这个时期，小伙伴之间激发的各项能力，对孩子身心健康成长非常有意义。家长要有意识地引导孩子建立稳定的友谊，体会来自人际支持的力量。

● **引导孩子正确认识和理解友谊**

家长自身的友谊观、社交态度，通常会较为直接地影响这个年龄段孩子的友谊关系的建立，但不是绝对的。有可能家长不爱社交，但孩子特爱交朋友；也有可能家长喜欢社交，但孩子很享受独处。所以，在引导孩子建立友谊方面，家长先要了解孩子跟自己的异同，跟孩子保持沟通，了解孩子对什么是友谊、什么是好朋友、什么是普通朋友等的定义和理解，引导孩子正确认识和理解友谊。

● **帮孩子创造有利于建立友谊的机会**

孩子们在玩耍和游戏中更容易建立友谊。因此，如果想帮孩子建立同伴友谊，可以考虑创造孩子们一起玩耍的环境。比如，和关系不错、孩子年龄相当的朋友家庭组织游玩活动，让孩子们也成为朋友。不过，在实际操作中，有可能家长之间关系好，孩子们却未必能玩得到一起。所以，建议家长本着开放的态度，扩大生活范围，帮孩子去找到他们自己的朋友。

共同的兴趣爱好，也能让孩子们自然而然地建立友谊。所以，也建议家长有意识地引导孩子发展一些兴趣爱好，这也有助于孩子吸引到有相似兴趣爱好的小伙伴。比如，阅读某类主题的书籍。

● **帮助孩子学习处理朋友间的冲突**

要建立稳定的友谊，孩子还需要学习如何处理朋友之间的冲突。过程中，家长可以提供建议，但不宜干预过多，让孩子自己去学会处理。家长需要做的是及时帮孩子纠正一些偏激的想法和行为，如过于自私、消极、有破坏力的想法和行为。

● **引导孩子处理各种关系，获取更多人际支持**

对这个阶段的孩子来说，主要的人际支持是亲子关系、同学关系、师生关系。孩子如果能够从这些关系中得到足够的理解、肯定和支持，就能更好地成长。

　　良好的亲子关系、朋友关系本身就是对孩子极大的支持。但除了不断增进亲子关系，引导孩子建立良好的朋友关系外，家长还需要关注孩子的师生关系、同学关系的状态，了解孩子在这些关系里的感受。如果发现孩子在这些关系中失去了必要的支持，感受到了压力，则需要提供必要的指导和帮助。比如通过了解孩子在班集体分组活动中的情况，通常能觉察到孩子之间是否存在欺凌现象。

识别危险情况及求助

　　阿豪与同学阿杰一起有说有笑、打打闹闹地走在一条行人较少的人行道上，因为没留意道路施工的警示牌，阿杰一脚踩空，掉到坑里了。阿豪去拉阿杰，但试了试感觉自己拉不上来，于是他叫阿杰等一下，他去找人帮忙。不一会儿，阿豪找来一位清洁工叔叔，帮忙把阿杰拉上来了。后来爸爸妈妈表扬了阿豪的机智，同时也告诫阿豪边走路边打闹很危险。

　　这个年龄段的孩子，独立活动的意愿和能力增强，但仍然缺乏对危险情况的预见能力和预防经验，因此容易发生安全事故。家长要引导孩子学习识别并尽量避开各种可能遇到的危险情况，以及懂得必要时如何寻求帮助。

● 学习识别潜在的危险

　　家长需要有意识、有目的、有计划、有耐心地给孩子普及各种潜在的危险。大致可以分为六大类：社会安全类事故、公共卫生类事故、意外伤害类事故、自然灾害类事故、网络安全类事故以及其他事故。

　　建议借助相关影视类宣传资料，以直观的方式，让孩子学习如何识别危险、如何避免危险以及遇到危险时如何自救或求助。

　　学习重点是教孩子识别和预防某些场合中（如跟同学游戏打闹时、人多拥挤上下楼梯时、拿着尖锐物品时等），可能由自身行为引发的一些人身安全事故。孩子应该能准确判断自己的哪些行为是安全的，哪些行为是危险的。另外，孩子要学会识别来自人际之间的危险，比如，来自陌生人的危险、来自熟人的危险，了解且会识别霸凌、敲诈、性侵等，知道如何应对。

● **学会求助方法**

家长要明确地教孩子：遇到危险时，通常有自救和求助两条途径。拿具体场景来举例，让孩子明白在遇到危险时什么情况下是可以自救的，什么情况下是需要求助的，什么情况下可以一边自救一边寻求帮助。会自救且会求助是一种高级能力，需要家长在日常生活中有意识地培养和锻炼。

教孩子具体求助的方法。比如打相关报警电话求助，向亲人求助，向什么样的陌生人求助，保证孩子知道该怎么说、说什么，才能尽快获得帮助。

另外，我们需要教孩子一种特殊情况下的求助。那就是发现有人遇险时，应该向其他成年人求助，让成年人去帮助处在危险中的人。比如，看到小朋友落水了，此时岸上的孩子应积极帮忙呼救，而不是盲目下水救人。

学习一些急救知识和方法

有一天，晶晶跟爸爸妈妈在公园散步，突然发现前面有人昏迷倒在地上。妈妈打120报警，爸爸大声问周围有没有人懂急救，这时有位阿姨跑过来，说自己是医生，看了下情况后，给病人做起了心肺复苏。十分钟后救护车来了，此时病人意识也恢复了，被救护车拉去医院救治。晶晶觉得那位阿姨很了不起，一家人都觉得有必要学习一些紧急救护的知识、方法和技能。

这个年龄段的孩子，除了培养自我保护的意识和能力外，还可以学习一下紧急救护方法，了解一些常见的急救、应急用品的知识。

● **参与培训，学习紧急救护知识**

在疾病或意外发生时，在医护人员到达之前，对伤病者进行初步救援和护理，目的是保存生命，防止伤势或病情恶化，促进复原。家长可以与孩子一起参加由急救中心、红十字会等专门机构开展的急救知识技能培训课程，学习常见的急救知识和方法。

比如，学习判断常见疾病、意外事故及相应的救护与处理常识，如中暑、心绞痛、中风、呼吸道异物堵塞、烧伤、烫伤、溺水、触电、一氧化碳中毒、农药中毒、各种运动伤等。学习身体各种部位的止血法、催吐法、心肺复苏法、判断病人意识、摆体位等。

教孩子常见伤病的应急处理方法，如流鼻血、打嗝、皮肤擦伤、门窗夹伤手指、轻微烫伤、晒伤、手指轻微割破、腿抽筋、鱼刺卡喉咙等分别该怎么处理。

此外，还应当让孩子知道在救护他人时要学会保护自己的安全，了解各种救灾现场潜在的危险以及救护他人时的注意事项。

● **了解急救、应急用品的储备**

家里适当储备一些急救、应急用品，万一危险发生，它们可以用于维持生命，供家人自救以及互救。

具体储备哪些物品，可以参照各地政府的相关建议清单。家长可以邀请孩子一起来准备，在准备的过程中，顺便教孩子相关知识。

一起打理家务

学习收纳整理

秋天快来了，天气一天比一天凉。傍晚西西刚下楼就觉得外面凉，又跑了回来，打开衣柜翻了一阵，发现里面都是短袖衣服和裙子。妈妈说秋天的衣服还没拿出来，是时候整理衣柜了。往年换季的时候，都是妈妈帮西西整理衣柜，这回妈妈决定带着西西一起整理。

之前孩子已经学习过个人物品基本的收拾整理，现在可以鼓励孩子继续学习收纳整理的方法和技巧，参与更多的家庭收纳、整理工作，继续培养孩子爱整洁的好习惯。

● 整理衣柜

换季的时候，和孩子一起整理衣柜，教孩子整理方法。

第一步，将不能继续穿的衣服（比如小了或破了）清理出来，送给亲戚朋友家更小的孩子或者送去专门的回收机构。

第二步，将暂时不穿的衣服收纳好，可以使用收纳箱或收纳袋等。

第三步，取出适合当季穿的衣服，和孩子一起检查，看是否有需要添置的，列个清单。这个年龄段的孩子正处在迅速长个儿的阶段，每年可能都要添置些新衣服。

第四步，根据衣服的类别、数量以及衣柜的空间，确定各类衣服摆放的位置和方式。比如，有些衣服要挂起来，有些要叠起来，有些要卷起来。对于一些小件的衣物，比如内衣、袜子之类的，可以使用收纳盒、收纳袋等工具，这样不容易显得凌乱。注意考虑孩子的身高和取用频率，和孩子商量衣服怎样放置更方便取用。

平时，每次洗完衣服后，让孩子自己把干净衣服放好。

● **整理书柜**

一般来说，到了这个年龄段，可以让孩子更多承担整理书柜的任务。除了日常简单整理，保持书柜整洁以外，还可以请孩子定期进行较大规模的整理，比如每年寒暑假各进行一次。开始时，父母带着孩子做几次，以后就让孩子自己做。这样等孩子上中学以后，基本就能自己独立完成这项任务了。

较大规模的整理可以包括以下步骤：

第一步，把已经不再需要的书挑出来。根据情况送给朋友的小孩、捐赠、作为二手闲置卖掉，或者送去废品回收站。

第二步，给剩下的书做分类，确定每类书的位置。比如，学校学习用书放在最方便拿的位置。

第三步，将同一类书按照高矮、厚薄等顺序放入书柜。必要时可使用书立（书挡）。

● **整理鞋柜**

可以带孩子根据季节整理鞋柜，穿不了的鞋子要及时清理。如果鞋子是装在鞋盒里的，可以请孩子给每个鞋盒贴上标签，标签上注明鞋子的主人和样式。根据鞋柜的大小和布局，将鞋子或鞋盒摆放整齐。对于要收起来的鞋子，可以邀请孩子一起清洗，教孩子清洗方法。

● **整理冰箱**

冰箱里食物的放置是有一定讲究的。告诉孩子冰箱不同区域适合放置的食物种类，请孩子按规则放置。可以跟孩子一起探究冰箱里不同区域的温度，以及各类食物的适宜存放温度和储存时长。还可以一起试试用什么样的容器和放置方法，可以让冰箱容纳更多的东西又显得整齐。

● **整理卫生间**

刷牙、洗脸、洗澡、如厕、洗衣服……大家每天要在卫生间里做很多事，用到的东西也很多，刷牙杯、牙刷、牙膏、洗手液、毛巾、浴液、洗发水……可以请孩子帮忙整理，保证卫生间的整洁。还可以鼓励孩子根据家人使用卫生间的具体情况，想想当下物品的摆放是否是最方便的，还有哪些可以改进的空间，并积极改进。

学习更多厨房技能

放寒假了，彤彤告诉妈妈有一项假期作业是在年夜饭的时候展示自己的厨艺。彤彤发愁地说："我什么菜都不会做，展示什么厨艺啊？"妈妈说："现在离过年还有半个多月呢，咱们从基本功开始学，到时候你一定能露一手。"

对这个年龄段的孩子，除了继续鼓励他们参与餐前、餐后的准备工作以外，还可以培养更多技能。

● **学会处理蔬菜、水果**

教孩子不同蔬果的清洗方法，包括清洗剂的使用方法。也可以提供相应的削皮工具，教孩子削蔬果皮。

另外，这个年龄段的孩子安全意识和动作能力都进一步提高，可以学着切各种蔬菜、水果了。提醒孩子切直接入口的食物一定要保证工具的清洁，并且要注意生熟分开。比如，切水果和切生鱼、生肉应该使用不同的工具。也可以教孩子使用擦丝板等工具处理食材，但最好有护手装备，避免孩子受伤。

● **了解常见调料，独立制作凉拌菜**

教孩子认识家里常用的各种调料，了解其基本用法。比如盐、酱油、醋、白糖、味精等，让孩子了解这些调料的作用和一般用量，为后续学习做菜做准备。

同时，有了前面学到的知识和技能，孩子独立制作简单的凉拌菜就是水到渠成的事了。孩子自己可以完成选择食材、洗菜、切菜、加入调料及拌菜的全过程。

● **练习淘米、煮饭，参与制作一些面食**

淘米是一件看着简单却又有一定难度的事情，因为一不小心米就撒了。家长要先给孩子做示范，可以教孩子使用淘米工具来完成这项工作。教孩子使用电饭锅煮饭，教他们把握水量以及如何操作电饭锅。

如果家里喜欢制作饺子、馄饨等面食，可以让孩子学着包。视孩子的能力和兴趣，让孩子参与和面、剁馅、拌馅、擀皮以及包的不同过程。

● **学会蒸煮食物**

这个年龄段的孩子可以开始学习使用炉灶了，家长要细心教会孩子正确使用炉灶的方法以及必要的安全知识。

蒸食物。这个工作的关键是避免把锅蒸干。家长要耐心讲解、演示关于水量、火力大小、蒸制时间等事项。起初几次孩子做的时候，家长要在一旁监督提醒。用定时器计时是控制时间的好办法。另外，重点要教孩子如何安全取出蒸锅中的食物。

煮食物。可以从煮鸡蛋开始，家长先让孩子在一旁观摩，强调怎样做可以避免被蒸汽和热水烫到。煮其他食物的话则需要更加小心，比如，煮面条和饺子这类食物要当心溢锅和煳锅。要教孩子学会正确搅拌以及出现溢锅或煳锅时的处理办法。孩子刚开始做的时候，家长要在一旁指导保护。

学会在日常生活中关心老人

从冬冬上幼儿园起，一直是爷爷奶奶照顾他。现在冬冬上四年级了，每天一出校门，爷爷还是和往常一样，接过冬冬的书包背到自己肩上，冬冬就一路蹦蹦跳跳地和爷爷一起回家。回到家，奶奶总是嘘寒问暖，做各种冬冬喜欢的好吃的。冬冬一天天长高了，可爷爷奶奶的背开始弯了……

很多家庭里都是老人帮忙照顾孩子。一般来说，六七十岁的老人身体状况大体还可以，但也可能有些健康问题。比如，老花眼、腰腿疼、记忆力越来越不好……他们在尽力为儿女的小家多做事情。作为子女，我们首先要有感恩之心，无论在语言和行动上都要表达出来。比如，在感谢他们的同时，带动孩子关注到他们的需求，在日常生活中为他们做些实实在在的事情。

● 日常注意顾及老人体力

首先，让孩子自己背书包。父母评估一下孩子书包的重量，如果适合孩子自己背，就告诉孩子要自己背，不要让老人太累。如果书包太重，可以给孩子准备一个拉杆书包。这样，既不会累到老人，也有利于培养孩子

自己的事情自己做的习惯。

另外，这个年龄段孩子的运动能力往往已经超过老人，需要嘱咐孩子：和老人一起出行时，要照顾到老人的速度，别只顾自己往前跑，让老人在后面追。出去玩的时候，如果走路时间长了，可以让孩子主动问问老人要不要歇一会儿、喝点水，培养孩子关心老人的习惯。

● **发现老人的日常需求并提供支持**

生活中，我们需要尽量细心一些去询问、发现老人的需求，并带动孩子一起给老人提供支持，让老人生活更方便、愉快一些。

注意老人的视力下降问题，给不易分辨的物品贴上大字标签。因为视力下降，老人可能难以分辨厨房里的一些调料，尤其是在调料瓶很相似的情况下。家长可以请孩子做些标签，把上面的字写大些，便于老人辨认。

教老人用手机。这个年龄段的孩子大多已经会熟练操作手机了，而老人可能只会使用一些简单的功能。如果是这样的情况，可以让孩子教老人更多的手机用途。比如用手机视频通话、购物，根据老人的兴趣教老人看电影、听相声、玩游戏，等等。

照顾老人的冷暖习惯。根据家里老人的情况，提醒孩子老人怕冷或是怕热。比如，请孩子在开空调的时候注意询问老人的感受，适当调整温度或提醒他们增减衣服。

照顾老人的口味。家里有孩子，一般老人都会照顾孩子的口味。我们要提醒孩子也要照顾老人的口味：比如，外出就餐时，不能只点自己喜欢的食物；如果老人牙齿不好，则需要软烂些的食物；如果老人有"三高"等慢性病，则需要吃低油、低盐、低糖的食物；等等。

照顾老人的午睡习惯。老年人大多有午睡的习惯，而这个年龄段的孩子通常不需要午睡了。那么，节假日在家的时候，提醒孩子在老人午睡的时候要保持安静，不要发出大的声音，也不要在这段时间邀请小伙伴来家里玩。如果安排外出，也尽量错开这段时间。

注意防止老人跌倒。老人如果跌倒很容易受伤骨折。告诉孩子：不要在地上随便堆放东西，弄湿地面后要擦干，以免老人绊倒或滑倒；出门的时候不要拽着老人跑，遇到沟沟坎坎要提醒老人，必要时扶着老人通过；等等。

● **照顾老人的心理需求**

我们要经常和老人聊聊天，也要鼓励孩子陪他们聊天。比如，给他们讲讲学校里的事，请他们说说自己小时候的故事，听听他们对社会问题的看法。如果老人擅长某些技能（如烹饪、缝纫、手工）或者对某个领域很有研究（如数学、天文、历史），家长可以建议孩子向老人请教。还可以根据老人的兴趣爱好安排一些家庭活动，比如老人喜欢唱歌或演奏乐器，就可以经常举办家庭音乐会。另外，鼓励孩子提高自我管理能力，以便留给老人更多自由活动的时间。

● **向老人表达感谢**

家长要经常提醒孩子对老人的付出表示感谢。比如，吃饭时夸奖老人做的饭好吃；学习上取得好成绩时，感谢老人的陪伴和帮助；在老人的生日、重阳节、春节等特殊的日子，准备礼物表达对老人的感恩和爱。可以让孩子平时观察老人需要什么、喜欢什么，然后在特殊的日子里将相应的礼物送给老人。也可以让孩子画一幅画、做一件手工作品、演奏一首老人喜欢的曲子、唱一首老人喜欢的歌……

一起恰当使用媒介

从多个角度看事物

　　学校鼓励孩子们多多参加研学活动，丰富课余生活。豆丁从小就喜欢研究地图，于是选择地理研学小组。第一次活动，老师发起了一个话题——最棒的中国城市，学员们纷纷踊跃发言。豆丁的祖籍是北京，他觉得中国最棒的城市就是首都北京，也认为大家的答案一定和他一样。但没有想到，大家的答案各种各样，有西安、重庆、拉萨、昆明、杭州、三亚、大连、广州……

　　世界是多元的，信息是海量的，单一视角无法看到事物的全貌。我们从小就知道《盲人摸象》这一经典故事，它比喻对事物了解不够全面，只固执于一点。这一现象频繁地出现在当下的互联网时代。孩子们需要理解信息传递中的"盲人摸象"现象，知道不同的人对同一件事会有不同视角和看法，懂得要从多个角度才能对一件事情有更全面的了解，进而能够更恰当地利用媒介。

● **和孩子一起重温《盲人摸象》的故事**

很久以前，有四个盲人在摸了大象以后，各自发表自己对大象的看法：第一个人摸了大象的身子，认为大象像墙。第二个人摸了大象的腿，认为大象像树干。第三个人摸了大象的鼻子，认为大象像水管。第四个人摸了大象的牙齿，认为大象像一根棍子。大家各执己见，谁也不服谁……

很明显，盲人们对象的理解很片面，以偏概全，不了解完整的真相。另一方面，盲人们对于象的理解确实没有离开大象本身，就象的某一部位而言，他们说的都是正确的。

《盲人摸象》的故事为孩子们理解各种媒介信息提供了多方面的启示。

● **引导孩子了解看待同一件事有不同视角**

为什么对于同一件事，会有不同的视角？原因有很多。

比如，对于同一件事，有亲历者、有传播者、有被传播者。

即使都是事件亲历者，基于不同的身份背景，对同一件事的理解也可能是五花八门的。比如摸象的盲人们，只是因为各自所在的位置不同，摸到大象的部位不同，所以产生了不同的理解。再比如，对于"最棒的中国城市"这个问题，不同的孩子有着不同的经历，所以便有了多样的答案。

传播者之间也存在区别。报纸、杂志、图书、电影、广播、电视和互联网这些不同的媒介，都可以把同一件事传播给大众。但生产它们的机构和机构中的人，基于不同国家、不同文化、不同立场、不同利益、不同思维方式等，对同一件事的传播就可能很不一样。

被传播者，也叫受众，同样有着不同的身份背景和经历，会根据自己的理解去选择性地看、听，所以对同一事件的解读往往也是不一样的。

● **学习多视角、更全面地看问题**

摸象的盲人们如果换位置多摸几次，或者愿意听一听其他人的看法，也许就能够知道真正的大象是什么样子了。同样地，如果想要对一件事情有更全面的了解，可以广泛地从多个渠道去收集信息，然后理性地分析和判断。

尤其是对于有争议性的事件，不能只听一方的说法，要去听多方的声音。同时，需要鼓励孩子以发展的眼光去看待事件。

有的时候，不能全面了解事件的原因是大家只从自己的角度出发，不去换位思考。在小学中年级阶段，应该引导孩子理解：不同社会角色会有不同的作为和立场。只有理解了这一点，尝试从主观判断中跳脱出来，进行换位思考，从不同的视角去看，才能拓宽自身对事件的理解。

信息收集与分析

豆丁放暑假了，爸爸给他报了一个成长夏令营。夏令营的活动丰富多彩，豆丁玩得不亦乐乎。有一天，老师提了一个问题，让大家通过网络或者其他媒介寻找答案并给出结论。豆丁一时不知如何下手，于是给爸爸打电话，爸爸意识到是时候教豆丁一些信息收集与分析的方法了。

家长要重视培养孩子的媒介素养，将培育过程贯穿于整个小学阶段。在小学中年级阶段，孩子需要开始初步培养自主学习能力，面对将要探究的问题，孩子能够意识到主动使用媒介进行信息收集与分析。具体而言，其中的关键点在于信息查找、信息筛选和信息分析等。家长可以提供技术支持并引导孩子感受到做出合理决定或解决问题时的快乐和成就感。

● **信息查找**

互联网最基础的信息查找方式是通过搜索引擎。家长可以教孩子如何将主题词或关键词输入搜索框进行搜索，帮助孩子借助电脑或者手机、平板等移动终端进行信息查找。

除此之外，还可以通过学术数据库（中国知网、维普、万方、SCI、SSCI等）、政府平台（如各部委的官网和官方微博、微信公众号、App 等）、智库平台（如相关行业协会的官网和官方微博、微信公众号、App 等）、媒体平台（如官方媒体和商业媒体，包括视频网站、App 等）等获得信息。另外，部分社交媒体自带信息功能，通过社交媒体进行搜索也是一种途径，但由于其中个人化信息多，真假难辨、良莠不齐，需要家长更多的辅助和指导。

互联网虽然提供了海量的数据和信息，但它并不是媒介的全部，不同类型的媒介都能够提供信息。家长可以带孩子去有着丰富藏书和报刊的图书馆，教孩子在图书馆的查询电脑上以主题词或关键词输入的方式找到相关资料的索引。有的图书馆还提供影像资料的借阅，能够大大丰富信息的来源。

另外，在查找信息的同时，我们可以注意培养孩子基本的学科判断能力，和孩子一起对所需信息先做一个大致的判断：要解决的问题是关于职业的还是学术的？属于自然科学还是人文与社会科学？举个例子，如果孩子想知道一首钢琴曲怎么弹，那么通过视频网站就可以搜索到相应的内容。如果孩子想研究这首钢琴曲属于哪种音乐流派、有哪些特征，那么可能就需要了解学科的概念。明确音乐属于人文与社会科学当中的艺术学领域之后，孩子就可以通过各种类型的媒介查找艺术学中与音乐学科相关的信息。

● **信息筛选**

信息筛选非常重要的一点是能够分辨信息的正确和谬误。在这个方面，小学中年级阶段的孩子还需要家长的指导，尤其是对于互联网上的信息。比如，告诉孩子，官方平台发布的信息往往更具权威性。

信息筛选还包含辨别关键信息和次要信息，可以从重要性、相关性、时效性等维度，对海量信息进行筛选，保留最为关键的信息。仍以研究音乐流派为例，如果明确了这个音乐流派属于哪个时代、来自哪个国家等信息，就能够把更重要和更相关的信息筛选出来，同时也要关注时效性，看看这个流派在今天是否有新发展等。

在信息筛选过程中，家长仍需要提醒孩子保持信息的多样性和多角度，关键性和全面性并不矛盾。

● **信息分析**

信息筛选的过程其实也是初步分析的过程，通过筛选，去伪存真，保留关键信息。在关键信息中，可以进行事实和观点的分类。事实是已经发生或已知存在的事情，可以是事件或信息，是客观的、可验证真伪的。观点是个人看法或判断，每个人对同一件事情的看法也不尽相同。关键信息中的事实可以作为判断依据，（他人）观点可以作为判断参考。

家长可以教给孩子一些思维可视化的方式，比如绘制思维导图将关键信息进一步提炼，围绕核心问题进行思考。采用并列式、递进式、对比式等罗列方式，把相关信息进行罗列，从而找到问题的答案。比如，要研究一个联合国议题，可以通过并列式思维导图将各个国家的观点罗列出来进行分析。如果孩子需要做出一个"是"或"否"的决定，可以通过对比式信息罗列进行分析。其中，比较常用的是利弊分析，将优势和劣势的要点进行对比罗列，判断利大于弊还是弊大于利。

一起感受美、创造美

日常穿搭大方、得体

四年级了，荣荣突然变得很喜欢打扮自己，看见喜欢的衣服就想让家长给自己买。爷爷奶奶总是满足荣荣的愿望，给买了很多衣服。但衣服买多了，一年穿不了几次，下一年就小了穿不了，着实浪费。而且妈妈发现荣荣有时过于看重衣服上的图案，整体搭配并不是很好……

到了这个年龄段，一些孩子可能已经开始注意穿戴，逐渐有自己喜欢的风格，一些孩子则完全不在乎，还是跟小时候一样，家长给买什么就穿什么……家长要观察孩子、了解孩子，根据孩子的情况予以适当的引导。

● **懂得按需购买衣物**

和孩子讨论一年四季都需要哪些衣物。比如按季节分，有冬天穿的羽绒服、毛衣、保暖内衣，夏天穿的背心、短裤、T恤、裙子，春秋季穿的长裤、外套，等等。根据家庭情况和孩子商定每种衣服需要准备的数量，告诉孩子由于他现在正处在快速生长发育阶段，很多衣服穿一年可能就小了，因此不适合买太多，不然就浪费了。可以让孩子自己列个清单或画个表格，这样能一目了然，孩子心中也会更加有数。

● **不盲目选择名牌**

孩子可能会受同伴或广告影响要求买名牌服装。家长可以和孩子一起讨论，告诉孩子名牌之所以成为名牌，一方面是品质和设计比较好，另一方面是宣传、广告做得多。因此，购买名牌产品大多品质有保障，但也会多花一些钱为它们的广告宣传买单。

如果孩子选择某种服装是受同伴影响，家长首先要予以理解，同时也要和孩子探讨"从众"和"有自己的特点"分别会给自己带来什么。和孩子讨论要想得到同伴的尊重和喜爱，哪些因素最重要，服装的品牌会起多大作用，等等，避免孩子盲目从众。如果孩子是受为品牌代言的明星影响，也可以和孩子一起了解这些明星的故事以及他们和品牌的关系，从中挖掘对孩子成长有利的因素，避免孩子盲目追星。

可以拿不同品牌的衣服做对比，和孩子一起讨论选择服装应该看重哪些因素。教孩子如何判断服装的品质，如何判断服装的材料、样式、价格是否适合自己。

● **合理搭配服装**

如果孩子对穿搭感兴趣，经常琢磨怎么穿好看，家长可以和他一起讨论。可以引导孩子通过观察服装店、图片里模特的穿搭，或者观察影视作品中和自己年龄相仿的孩子的穿戴，找到自己喜欢的穿衣风格。当看到一套不错的搭配时，家长可以帮助孩子总结为什么这样搭配看起来好。孩子有了自己的审美之后，就会减少盲目跟风。当孩子做出合适的选择时，家长要给予及时的鼓励。如果孩子选择得不太合适，家长也不要打击他，可以给他一些建议，让他进行更多的尝试和比较。

● **恰当选择配饰**

无论男孩女孩，都可能会用到帽子、围巾、包等，它们既是用品，有时候也是饰品。在孩子选择这些小物件的时候，要提醒他在实用的前提下，适当考虑这些配饰和衣服的搭配，比如颜色要协调。

● **选择合适的发型**

发型对人的形象是有影响的，不要给孩子留怪异的发型。上学期间，发型要符合学校的要求。如果孩子对发型有想法，可以在学校允许的范围内，根据孩子的头型、脸型、性格、气质，和孩子一起选择适合他的发型。女孩子如果喜欢留长发，尽可能让她学会自己打理。在上学的日子里，简单的发型更省时间。可以帮孩子在假期里对发型做些变化，但也应适合孩子的年龄。

● **理智看待化妆**

这个年龄段的孩子可以适当使用儿童护肤品，用于清洁、保湿。如果孩子对化妆很感兴趣，希望像成人一样化妆，可以和他聊聊化妆的目的以及化妆品对儿童皮肤的危害，告诉他彩妆类化妆品可以在有演出的时候使用。

培养生活中的兴趣爱好

小小家里养了很多花花草草，客厅里、阳台上，到处生机勃勃。小小还养了一只猫咪，她给猫咪拍了好多有趣的照片，写作文也常常写到猫咪。另外，因为小小很喜欢做手工，爸爸专门给小小做了一个操作台，置办了很多工具和材料。小小和爸爸有空就一起做手工，非常快乐。

爱美是人的天性，我们不要压制孩子爱美的想法。但除了外表的美，我们也要培养孩子从生活中感受美好的能力。比如，培养一些生活中的兴趣、爱好，让孩子感到生活丰富多彩，充满趣味。

● **学习养花种草**

如果家长喜欢养花种草，可以让孩子一起参与花草的管理。在这个过程中，和孩子一起观察花草的生长，了解不同植物的形态以及生长规律。如果家里原本没有养花种草，也可以试试培养孩子的兴趣。比如，把一些发芽的根茎（如土豆、红薯）种到土里。泡沫箱或者大饮料瓶都可以用来当容器。另外，现在市面上也有一些儿童种植套装，可以供孩子尝试种植。鼓励孩子用拍照或画画的方式记录植物的生长过程，从种植过程中获得乐趣。

● **认真照顾宠物**

很多孩子都喜欢小动物，我们可以根据家庭情况，和孩子一起养一些小动物。比如，养金鱼、乌龟、甲虫、仓鼠、兔子等，需要花的时间和精力相对较少，而养猫、狗等则对生活影响较大。所以，在决定养某种动物之前，家长要和孩子讲清楚它的特点以及如何照顾（包括家人之间的分工），避免一时冲动。如果孩子想养某种动物而家里不适合养，家长不要简单拒绝，要和孩子耐心说明原因，得到孩子的理解。另外，在养宠物之前，家长要告诉孩子应该善待宠物，避免孩子给宠物造成不必要的伤害。

● **尝试收集、收藏**

培养这类兴趣，要看孩子的兴趣和家庭情况。比如父母喜欢集邮，就可以带着孩子一起收集邮票。如果经常旅行，则可以收藏门票、明信片、各国钱币等。

不过，我们也要意识到，很多时候孩子的收藏和成人有所不同，不一定要有金钱上的价值。比如，有的孩子会捡石子和树叶进行收藏。家长可能会觉得不干净，不让孩子捡。其实，只要进行必要的清洗处理，这些东西也是适合孩子收藏的。还有的孩子也许对一些文具和玩具感兴趣，比如铅笔、橡皮、转笔刀、汽车模型等，家长也可以支持孩子。值得一提的是，某些盲盒类的玩具并不适合收藏，那是商家的一种促销手段，容易诱导孩子过度消费。

● **学习摄影技巧**

智能手机的普及，让拍照成为日常生活中随时可做的事情。家长可以引导孩子发现自己感兴趣的主题，有意识、有目地拍摄一些作品。比如拍摄天空、花草、汽车、道路、桥梁、建筑、可爱动物、家人生活场景……让摄影成为孩子的乐趣。如果可能的话，给孩子一些指导，提高孩子的摄影水平，也可以带孩子学一些简单的后期制作技巧，让照片更好看。如果孩子作品较多，有一定水准，也可以鼓励孩子发布在自媒体上或者向相关媒体投稿。

● **开开心心做手工**

做手工可以让孩子心灵手巧。孩子很小就可以开始做手工，随着孩子年龄增长，手部力量和灵活性提高，可以操作的材料和工具更多，做手工的内容也更加丰富。对孩子的作品，家长要以鼓励为主，同时进行必要的帮助和指导。特别要保护孩子的创意，让孩子享受过程，乐在其中。

编织。网上有很多教程，家长可以和孩子一起学习。比如，从比较简单的围巾、杯垫开始，孩子容易上手，容易有成就感。

软陶。孩子小时候大都玩过橡皮泥、轻质黏土等，现在长大了，手部力量也增强了，可以学习用软陶做一些摆件和饰品。软陶作品烤制后会变硬，能长久保存，可以作为家里的装饰摆件，也可作为小礼物送给亲朋好友。

剪纸。剪纸其实包括用剪刀剪、用刀刻、用手撕等多种方法，可根据孩子的兴趣和能力，尝试不同的方法。可以将孩子的剪纸作品贴在家里作为装饰（如窗花），也可以准备剪纸本，将孩子的作品夹进去保存，并经常翻看欣赏。较好的作品还可以装裱起来挂在家中。

缝纫。缝扣子、简单修补衣服，可以把这些作为生活技能教给孩子。如果孩子有兴趣，也可以尝试用零碎布料做一些布艺装饰或者给玩偶做衣服。如果孩子能力较强，也可以教他使用缝纫机。

木工。做木工活儿需要准备一些基本的工具。如果支持孩子这方面的兴趣，可以根据孩子的身材、体力等具体情况准备一些适合孩子用的工具。可以自制各种玩具、模型等。

除了以上这些活动，还可以利用其他很多材料进行手工制作。比如，吸管、冰棍棒、水果网、包装盒/箱……在这个过程中，孩子既能感受动手操作的乐趣，还能够体会到化腐朽为神奇的惊喜。

● **喜欢欣赏音乐**

引导孩子欣赏不同风格的音乐。手机音乐App能够提供大量不同风格的音乐，非常方便。家长和孩子可以互相推荐喜欢的音乐和歌曲，共同欣赏，说出各自的感受。如果孩子爱听的歌家长不喜欢，也不要嗤之以鼻，听听孩子的感受，在肯定和表示理解的基础上再说出自己的感受。

还可以选择适当的音乐，和孩子做舞动游戏。这种舞动不需要任何舞蹈基础，根据自己对音乐的感觉，随意做出身体动作即可。在游戏过程中，我们可以和孩子一起很好地感受音乐，这是一种放松，同时也是一种很棒的亲子交流。

感受传统文化的魅力

豆丁的奶奶很擅长食疗：豆丁不小心吃多了，奶奶说吃点山楂吧；豆丁有点咳嗽，奶奶就给他煮川贝梨汤……这些食疗方法虽然简单，但大多都很管用。一来二去，豆丁觉得很神奇，一个劲地追着奶奶问还有哪些好办法。

豆丁奶奶用到的食疗方法，体现了中草药的神奇之处。中草药本身以及中医学都是中国传统文化的重要组成部分。中国传统文化博大精深，除了中草药、中医，还有京剧、昆曲、国画、书法、民乐、古诗词、对联、灯谜、酒令、歇后语、茶文化、传统节日习俗、民族服饰……如果认真观察，就会发现其实传统文化就在我们身边，每一项传统文化的背后都有一个独特又广阔的世界，家长可以有意识地带孩子去体验和了解。只要找到合适的契机和切入口，每个孩子都能感受到传统文化的魅力。

● **多角度、全方位体验传统文化**

带孩子了解传统文化，最重要的方式是让孩子直观地体验，甚至是参与其中，而不能仅仅停留在掌握知识的层面。只要用心，就可以挖掘出很多孩子感兴趣又能理解的内容。上面的例子中，豆丁对食疗方法的兴趣就是一个很好的切入口，很多中草药都是食物，家长可以和孩子一起找到更多的中草药，和孩子一起做美食。比如，制作山楂丸、熬桂花乌梅汤、做秋梨膏等。孩子亲自参与买原材料、配比、制作的过程，这能让孩子的体验更深入、更特别。

调动多种感官，看一看、听一听、闻一闻、摸一摸，既能激发孩子的兴趣，又能让孩子对探究对象建立更加全面、丰富的认识。比如，了解昆曲，可以去看昆曲表演，甚至唱一唱；探索茶文化，可以体验采茶、泡茶的过程；学习古诗词，可以在生活中找一找诗词中提到的花草、动物、景色等。

● **探究中草药文化**

下面以中草药为例，介绍带孩子了解传统文化的方式。家长可以参考这种方式，找到孩子感兴趣的某一项传统文化内容，和孩子一起设计并开启一次传统文化体验之旅。

⊙ 看一看：不同的中草药长什么样？

中草药往往源于大自然中的动物和植物，颜色、形态多种多样。比如，红色系列中草药代表有"红景天""红曲""红花""赤小豆"等；有些中草药长得特别有"个性"，比如"麻黄""通草""大葱"身上都有孔……可以和孩子一起拿着相关图片到大自然中去"寻宝"，也可以带孩子到有现场抓药环节的药店、诊所等，让孩子亲眼看到千姿百态的中草药，感受中草药文化。

⊙ 听一听：中草药里有什么有趣的故事？

孩子都是喜欢听故事的。中草药历史悠久，有关中草药的故事非常多。比如，明代"药圣"李时珍和他所写的《本草纲目》的故事，还有一些和中草药有关的成语故事，如"薏苡明珠"。这个成语背后就是东汉名将马援的故事。

⊙ 闻一闻：每种中草药的独特气味是什么？

很多中草药都有独特的气味。很多人家中都多多少少有一些中草药，比如甘草、当归、黄芪、党参、白果、枸杞、薏米、紫苏等。正好可以和孩子玩"猜猜看"的游戏：拿几样中草药，带孩子认识一下，然后把孩子的眼睛蒙起来，给他一种闻一闻，请他猜是什么。

⊙ 摸一摸：与中草药来个亲密接触。

很多中草药都很有特色，孩子触摸起来会觉得很有意思。比如，杜仲这种药材，用手轻轻掰开，里面可以拉出很长的丝。再比如凤仙花的种子是"急性子"，用手一碰就会爆开……

不过，在和中草药亲密接触时，要特别防范危险。比如，不要触碰之前不认识、不了解的中草药；中草药有药性，不要让孩子随便用嘴去尝试；触摸时要小心一些，摸后及时擦净小手……

　　⊙ 去中草药博物馆和药用植物园参观。

　　比如，去北京中医药大学中医药博物馆，在那里可以看到让人目不暇接的药用植物的标本、中草药饮片、药材实物、丸散成药等。还可以带孩子去药用植物园，在那里孩子可以看到中草药生长时的样子，直观地了解到很多中草药"小时候"的样子，有些自己以前还在家附近见过，比如蒲公英、海棠、银杏等。

　　⊙ 参与丰富多彩的中医研学活动。

　　现在社会上也有一些中医研学活动。在活动中，中医药师会带孩子上山采药，去药行学习认药，拜访当地的名医、老药工，参观药用植物园，参加药膳体验课等。家长可以在网络上搜索相关活动信息，带孩子参与。

了解传统文化的新形式

　　豆丁最近迷上了一档电视节目《如果国宝会说话》，还带动了爸爸妈妈一起观看。每天晚饭后的时间，大家一起坐在客厅里看节目，讨论和分享自己的感受。

　　对孩子来说，了解传统文化，接受艺术熏陶的方式有很多。特别是在现代科学技术的加持下，传统文化以更加鲜活、生动的方式走进了孩子的生活，更吸引孩子。我们可以多多带孩子接触和了解以现代方式诠释的传统艺术。

● 活起来的文物

　　以豆丁喜欢的《如果国宝会说话》为例，这一电视节目通过科技感和人文感并重的视听包装手段，全方位、多视角展示了文物的不同形态，以情景再现的方式讲述了文物创作背后的故事。这些故事让静态的文物有了生命，具有了个性特征，让孩子能获得更加沉浸式的体验。这样的体验与线下的展览相辅相成，更增添了对孩子的吸引力。

● **受欢迎的文创产品**

以故宫文创为例，文创产品覆盖生活用品、办公用品、文具、装饰摆件、服装配饰等不同的方面，比如清明上河图书签、祥瑞主题帆布包、千里江山图便笺纸、顶戴花翎官帽伞等，可以融入到生活中的点点滴滴。每一个产品都为孩子打开了一扇窗，更有利于孩子主动去探寻这些产品背后蕴含的传统文化。

● **汉服国风新体验**

当下，汉服已经成为时尚潮流的代表，不少孩子都喜欢汉服。我们可以带孩子体验穿汉服，到汉服主题体验场景中打卡，听汉服文化公益讲座等，具体感受汉服本身的古典之美，体会汉服背后的文化传承。

● **孩子听得懂的传统文化**

戏曲承载了大量传统文化元素。带孩子听戏曲，也是感受传统文化的过程。比如，很多孩子熟悉和喜欢的传统文化故事被改编成了昆曲剧目，像《大闹天宫》《铁扇公主》《司马光砸缸》等。这些故事在昆曲舞台上呈现时，能充分调动孩子的视觉、听觉，让他们对这些故事有更加立体化、形象化的体验。

支持孩子学习

激发学习动机，提高学习自觉性

辰辰今年三年级了，以前他最讨厌练字，给他各种物质奖励也没有用。最近妈妈却惊喜地发现辰辰喜欢上练字了，常常拿着写好的生字给妈妈看，还头头是道地跟妈妈讲写字的方法。一问才知道，新来的珊珊老师表扬辰辰字写得认真、写得好，还安排了辰辰写黑板报……

学习动机是指引发与维持学生的学习行为，并使之指向一定学业目标的一种动力倾向。它可以激发学生恰当的学习行为，从而获得优良的成绩，而好成绩又会推动学生继续努力，从而形成良性循环。

● 逐步将外部动机转化为内部动机

动机可以分为外部动机和内部动机。

就学习来说，外部动机是指学习的动力来自外部，比如为了获得家长、老师的认可和奖励，或者是让自己在同学之中树立威信，从而连任班干部，等等，这些都属于外部动机。比如，在日常的生活中，家长许诺孩子"如果这次考 95 分以上，就可以送你一个电话手表"，这种外部奖励短期内有效。一旦外部奖励消失时，孩子很可能会再次陷入动力不足的状态。

学习的内部动机是指学习的动力来自内部，比如为了解答某个困扰自己很久的问题，为了挑战一个更为艰巨的任务，这些都属于内部动机。内部动机能够产生更为持久和稳定的动力。

一般而言，低年级孩子的学习更容易依赖外部动机，家长要有意识地引导孩子从依赖外部动机转变为依靠内部动机，尤其是到了中高年级。比如，通过设置奖励，让孩子开始努力学习，但接下来就要重点引导孩子体会学习的乐趣，如获得新知识的惊喜感，解决问题后的豁然开朗，不断摆脱对外部奖励的依赖，开始追求更为长远的目标。

● **合理归因，保持对学习的积极性**

一些孩子并不是一开始就缺少学习动力的，而是在经历多次失败之后，慢慢产生了习得性无助，他们会认为自己已经努力了但还是做不好，所以选择了放弃。

因此，在发现孩子缺乏学习动力时，家长应该多加观察，并适时提供助力，避免孩子认为自己能力不行而放弃努力。当孩子考试成绩不好时，家长要帮孩子认真分析，正确归因。比如，归因为审题不认真、计算不够仔细、生字复习不到位等。也就是说将失败的原因归为可控的因素，归为努力而不是能力，有利于激发孩子学习的动力。

当然，正确归因以后，也要积极引导孩子寻求正确的方法。比如，审题不够仔细，可以试试用"圈关键词"的方法；计算不够仔细，每天坚持做 50 道计算题……

● **正确评价，用评价促发展**

家长在对孩子的学习进行评价时，要尽量避免空洞、笼统的表扬，比如"你太棒了！""你真优秀！"……应该采用及时和具体的评价，这样可以为孩子指明前进的方向。比如："这一次作文写得非常工整，尤其字写得非常漂亮！""算式列得非常好，解题过程特别清晰，让人一看就明白。""你朗读的时候把主人公悲伤的情绪表达了出来，读得很有感情。"

让孩子展示自己的优势，也是一种不错的评价方式。比如，孩子最近写字有进步，让孩子帮忙写请柬；朗读课文有进步，让孩子自己开一个小电台，每天读一段美文；孩子写了一篇满分作文，张贴在家中的醒目位置，让家人都来欣赏。

制订学习计划并执行

寒假期间，妈妈让乔乔给自己做一个假期计划。乔乔很快就写出了计划，还用彩笔、贴纸等装饰了计划表，然后将它贴在家中最显眼的位置，下决心每天按计划执行。可是，几天过去了，乔乔每天都有没完成的任务，情绪也不像刚制订计划时那么高涨，心想做不完就做不完吧。于是，这个计划表就渐渐形同虚设……

在这个阶段，家长可以引导孩子做简单的学习计划，并按照计划来一步步执行。过程中，家长应引导孩子正确理解目标任务，合理拆解目标，制订计划，然后按需调整，最终达成任务目标。下面介绍几种制订计划以及助力孩子执行计划的小技巧，供家长参考。

● **分解目标法**

有时候，较大的目标可能会让孩子感到茫然，无从下手，或者是感到自己无法完成。这时候，可以试试引导孩子将总任务拆解为一个个小任务。比如，看一本比较厚的书、完成一本练习册、拼一个大拼图等，这类任务都适合拆解。

家长需要让孩子先对整体任务进行感知和了解，然后再引导孩子将任务分解成一个一个小任务。假如某个月的任务是读完一本 300 页的书，这个任务对孩子来说可能显得有点庞大，但我们可以教他拆解任务。比如，将任务变成每天读 15 页，一下子就感觉轻松多了。然后，预计一下读 15 页所需的时间，大概是 40 分钟。将这 40 分钟安排在每日计划表中，按计划执行即可。

在制订计划时，我们要提醒孩子思考任务分解是否合理。比如："一天看 2 小时的书，是不是时间过长？""每天只背 5 分钟的单词，会不会时间过短？"

● **任务倒推法**

任务倒推法就是按照任务的截止时间倒推，来制订每天的计划。这种方法适用于考试复习、作文投稿、参加比赛等。

与分解法不同，这一次我们需要先了解任务的截止时间，再倒推每个阶段需要完成的任务就行了。值得注意的是，一般而言，在任务截止日期的基础上，我们需要预留出一定的时间进行修改和优化。以作文投稿任务为例，假如投稿截止时间是 8 月 30 日，我们可以计划：8 月 5 日前完成作文的构思，8 月 10 日前完成作文的初稿，8 月 20 日在老师的指导下完成第一次修改，8 月 25 日完成第二次修改，8 月 30 日前上交稿件。

● **灵活调整，保证计划的执行**

计划制订完成后，可以引导孩子根据实际情况来灵活调整计划，提高效率。

比如，鼓励孩子提高做事效率，把节省出来的时间储存起来，建立自己的"时间银行"。例如，写作业节省了时间，可以在"时间银行"的表内进行记录：日期、任务、计划用时（如 1 小时），实际用时（如 40 分钟），储存时间（如 20 分钟）。就像在银行存款一样，孩子先努力提高效率，存入时间，然后在时间充裕且家长允许的情况下支取出来去做自己想做的事情。

需要提醒家长，如果孩子能够高效完成自己的任务，我们应该鼓励孩子将自己节省下来的时间去做自己想做的事情，而不要试图去加大任务量，不然会挫伤孩子的积极性，降低学习效率。

学会一些方法，提升记忆效果

进入四年级，语文课本中需要背诵的内容增多了，难度也有所提升。这天放学回家，图图表现得很沮丧。妈妈询问得知，图图上一周很认真地背诵了一篇课文，可是今天老师检查的时候，图图却背了上句忘下句，背得一塌糊涂。图图很困惑："我明明已经很认真地背诵了，为什么还是记不住？"

进入小学中高年级，学习的内容量增加，难度也有所加深，对于学生的记忆也有了更高的要求。掌握一些记忆方法，可以帮助孩子更好地完成学习任务。家长需要先了解相关方法，然后引导孩子使用。

● 及时复习，减少遗忘

由艾宾浩斯记忆曲线可知，遗忘在学习结束之后立刻开始，并呈现先快后慢的规律。因此为了更好地记忆，要引导孩子及时进行复习。对刚学过的知识，要趁热打铁，反复进行温习、巩固，强化记忆，减少遗忘。

另外，在每次完成背诵任务之后，可以引导孩子在睡前再次进行回顾。因为回顾之后就进入睡眠，没有后学材料的干扰作用，更有利于记忆。

● 灵活运用不同的复习方法

为了提高记忆效率，我们可以灵活运用不同的复习方法。

比如，分散复习的方法，利用碎片化的时间进行复习。睡觉前、排队时、等车时……都可以对所学知识进行回顾。家长可以向孩子提问，引导孩子回忆所学内容。分散复习的主要优点在于可以降低疲劳感，提高记忆效果。

再比如，读与背诵相结合的方法。对于背诵内容，孩子们常采用两种方式：一种是一遍又一遍地重复读，一种是边读边尝试背诵。研究表明，这两种方式效果不同，边读边尝试背诵优于单纯的重复读。

● **利用辅助手段帮助记忆**

除了注意复习方法以外，我们还可以采用一些辅助手段来帮助记忆。比如，做笔记，把容易遗忘的部分记下来，认真复习；利用思维导图的方法，梳理需要背诵的内容；采用录音的方式，把需要背诵的内容录下来，之后反复听；利用便利贴将要记忆的内容记录下来，贴在书桌前、盥洗室墙上、笔记本里，以便随时复习，也可以帮助记忆……家长可以鼓励孩子多多尝试，找到几种最适合自己的方法并积极运用。

掌握基本的科学常识

叶小诺四年级时转到了新的学校，刚开始爸爸妈妈还有些担心他能不能尽快融入新集体。没想到才一周时间，小诺就和很多同学都成了好朋友，还被大家亲切地称为"小博士"，因为他知道很多有趣的知识。比如："世界上哪个国家的高铁里程数最多？""为什么我们看到红色会感觉到暖和？""为什么下雨时先看到闪电后听到雷声？""为什么不要在黑暗的屋子里看电视？"……

了解科学知识可以让孩子增长见识，同时还有助于孩子保持好奇心、学会思考。这一阶段的孩子需要掌握基本的科学常识，对常见自然现象能做科学解释。因此，我们需要引导孩子多进行相关的阅读，以及学会查找资料，不断丰富知识储备。

● **家中常备科普读物**

这个阶段的孩子，有的可能已经是小科学迷，对科学知识如饥似渴，但也有一些孩子可能对科普读物不太感兴趣。对于前者，家长只需要提供适合其水平的阅读材料即可。对于后者，建议家长准备一些科普读物（如科学绘本、杂志等）放在家里，多抽时间陪孩子读一读。注意内容不要太难，而且尽量从孩子感兴趣的内容开始阅读。

● **充分利用图书馆资源**

当我们发现孩子对某一领域的问题非常感兴趣，并想深入了解的时候，可以带孩子去图书馆中查找资料。

图书馆一般都设有儿童阅览室，里面有很多适合儿童的读物，并按照学科进行了分类。家长可以引导孩子先将自己的问题定位到某一方面的知识，再看它属于哪一学科领域，就便于查找了。比如想了解关于"黑洞"的更多知识，可以先定位"黑洞"是关于宇宙的知识，这类知识属于天文类，就可以在天文类的书架中查找所需要的书籍。找到相关书籍以后，家长还可以教孩子看图书目录，通过目录找到自己想要了解的内容。

● **随时利用互联网资源**

可以利用搜索引擎来进行资料查找。输入关键词到对话框中，就能搜索到相关的网页。除了文字和图片内容，还有很多视频资源。一些科学类的短视频非常生动、有趣，可以帮助孩子直观、快速了解相关知识。

值得注意的是，网络上的信息质量良莠不齐。所以，家长需要注意引导孩子学习通过权威的专业网站查找资料，这样会获得更准确的答案。

重视阅读，坚持阅读

辰辰学习一直很认真，也很喜欢学习语文，每次课前都做好预习，上课认真听讲，课后作业也完成得很不错，经常受到老师的表扬。不过最近辰辰发现，语文小测验中出现了对自己来说比较难的题，因为它们涉及一些自己不知道的课外知识——看来光好好听讲，是没有办法提高成绩的。妈妈让辰辰要多阅读，扩大知识面。

　　阅读的重要性不言而喻。养成良好的阅读习惯，不仅关系到孩子语文学科素养的提升，更关系到孩子获取信息、认识世界、发展思维，并获得审美体验，等等。到了现在这个阶段，家长更需要重视阅读，帮助孩子养成阅读习惯。

● 给予助力，引导孩子多多读书

　　良好的阅读习惯需要从小培养。小学中年级也是培养孩子自主阅读、建立良好阅读习惯的关键时期。很多孩子已经有很好的阅读习惯，并可以自主阅读了。但也有一些孩子还没有形成习惯，此时就需要父母给予更多支持与引导，认真选取适合孩子水平和兴趣的读物，必要的时候陪孩子一起读，不焦虑、不贪多，但要陪伴孩子每日坚持。父母可以设立家庭阅读计划。比如，每晚固定一个时间段，全家人聚在客厅，一起读书。各自读各自感兴趣的读物，并定期进行讨论，发表阅读感想。

● 兼顾阅读兴趣，帮孩子选取合适的读物

　　一般来说，中年级的孩子已经有了一定的识字量，也有了一定的阅读能力。可以带孩子去逛书店，让孩子自主选取喜爱的书籍，现场翻阅，确定是孩子想要阅读，并且能坚持阅读下去的书，再进行购买。

不过，在帮孩子选书的时候，除了兼顾孩子的阅读水平和兴趣以外，也要注意阅读类型的多样性，可以涉及童话、寓言、科普、名人传记、诗歌、名著等多种类别，保证阅读内容的丰富性。

● **鼓励孩子尝试写读书笔记**

可以引导孩子写读书笔记。比如，将阅读过程中发现的好词好句摘抄下来，日积月累，为日后的写作积累素材。

还可以在阅读完一本书后，鼓励孩子写一段读后感。比如，将阅读过程中的所思所想记录下来，也可以提出疑问，再通过延伸阅读、主题阅读、系列阅读等方式来解答自己的疑惑。

体会科技改变生活

程小雨非常喜欢各种电子产品，经常吵着爸爸妈妈带他到商场的科技产品体验中心去体验。虚拟现实技术、人脸识别技术、物联网智能家居等，都让程小雨非常着迷。他告诉爸爸妈妈，以后他想成为一名火箭工程师，制造一种可以用于通勤的火箭，又快又能避免拥堵……

随着现代科技水平的不断提升，我们的生活中到处都是各种高新科技的影子，比如，智能家居、AR 导航仪、AI 人脸识别门禁、无人驾驶等，给现代生活带来了便捷，大大提高了我们学习、工作、生活的效率。我们可以积极带孩子了解这些新型产品，感受智慧城市，体会科技改变生活。

● **关注生活中的科技应用**

科技产品无处不在，可以在平时的生活中引导孩子注意观察。比如，没有营业员的无人超市涵盖了大数据、生物识别、人工智能等多项技术；部分小区里，已经有智能机器人提供快递配送服务；某些路段有无人驾驶汽车可以体验……

另外，在很多大型商场中，可以很容易地找到智能产品体验店。可以带孩子去体验智能家居、智能机器人、3D 打印机、VR 眼镜等，既满足孩子的好奇心，同时也是很好的科普过程。

● **了解科技背后的原理**

如果孩子有兴趣，可以鼓励他们去了解这些高新科技背后的科学原理。比如，通过网络搜索相关内容，通过相关的科技类纪录片进行学习，去图书馆查阅资料，等等。

值得一提的是，很多高新科技都涉及编程，如果孩子感兴趣，可以鼓励他们去学习一些编程的内容，了解更多编程的知识，理解编程是如何在高新科技中起到关键作用的。

另外，还可以教孩子通过社交网站，利用微信、微博、博客等渠道找到相关科研人员、工程师或企业官方账号，提出自己的一些意见和建议，可能会收获一次非常有意义的交流。

● **亲自尝试产品设计、应用等**

科技改变生活，如果孩子产生了自己的设想，可以鼓励他动手尝试设计自己的新产品。比如，画设计图，将自己想要的造型画出来，标注各个部件的名称、材质、作用等。设计的过程中还可以提醒孩子注意产品的美观、实用和用户体验。

在产品应用方面，可以运用乐高搭建、发动机和感应器组合、编程设计等技术来实现。当然，这需要孩子具备相关基础，必要的话还需要家长或老师的协助。

还可以鼓励孩子参加一些科技创新类比赛。这些尝试会让孩子在过程中不断拓展自己的知识领域，提高自己的水平，获得很大的成就感。

提高归纳、总结能力

作为数学课代表的程小雨，一向成绩优异，但本学期的期末考试成绩不是很理想。妈妈查看试卷时发现，有一道做错的应用题，前几天小雨在练习册里做过，当时做错了也立马订正了。但小雨说自己不记得做过那道题……妈妈皱了皱眉头，开始担心起来。

归纳、总结是非常重要的能力。孩子需要学会通过观察和分析，解读不同事物之间的联系与区别，进行归纳、总结，从而有所发现。对于学习来说，归纳、总结也是一种促进知识消化、吸收的有效方式。

● **在生活中练习归纳、总结**

归纳、总结往往是从观察开始的。在生活中，要引导孩子多观察，比较事物之间的相同与不同，然后进行归纳和总结。

比如，在整理房间的时候，可以让孩子将物品进行分类，再根据平时学习、生活时的习惯，按照规律进行摆放，将使用频次高的物品放在方便拿取的位置，而不常使用的物品则放入置物箱里。其实就是通过归纳、总结，便利自己的生活。以此类推，我们可以让孩子通过观察，然后归纳、总结，发现家人使用厨房用品的规律，再试试调整一些厨房用品的摆放，帮助家人提高做饭的效率。

● **在学习中练习归纳、总结**

在学习上，我们可以引导孩子建立自己的错题集。主要目的是对错误进行有针对性的分析、归纳、总结，然后有针对性地去提高。每当一个阶段（比如一个单元）的学习结束之后，就可以让孩子将自己在这一阶段的错题摘录下来。然后按照错误类型来进行总结，如审题不认真、计算马虎、知识点理解不到位、相关知识点混淆等，这样的分类实质就是在引导孩子进行归纳和总结。

● **学会利用思维导图**

使用思维导图，对所学内容进行归纳和总结也是非常不错的选择，教会孩子如何从"一点"发散开来，将所学内容按层级进行归纳、总结，在头脑中建立知识网络。

思维导图可分为多种类型，例如圆圈图、双气泡图、树形图、桥形图、因果图等，可以根据所归纳对象的特点，选择适合的思维导图类型。

家长可以试试和孩子一起学习如何做思维导图，从简单的做起，不用操之过急。比如，针对假期中阅读的某本书做思维导图，做成画报，张贴在家中醒目的位置。

理性选择教辅资料

图图今年四年级了。对于图图的学习，可能是受周围环境的影响，图图妈妈变得格外焦虑，给图图买了很多教辅资料，有隔壁邻居推荐的模拟卷，有当小学老师的闺蜜推荐的某名校的随堂练习题，还有图图同学的妈妈推荐的作文高分秘籍……图图妈妈几乎把市面上知名的教辅资料都买回来了，希望图图可以提高学习成绩。可怜的图图面对着堆积成山的资料，欲哭无泪……

为了熟练地掌握知识，进行一定的拓展和练习是必要的，孩子需要一些教辅资料，但没有必要购买太多。市面上有各种各样的教辅资料，根据孩子的情况，适量选择一些即可。

● **以教材为基础**

在小学要注重打好基础，选择教辅资料要围绕教材内容选择，而不应一味求新、求难，脱离基础。依托老师上课所讲授的知识，注重基础知识的夯实，在每天完成课程学习之后，再适度地巩固练习。

另一方面，对于学有余力的孩子，家长可以为他们选择一些难度稍有提高的教辅资料，进行拓展性学习。但是，也不建议选择偏题、怪题。

● **求精不求多**

一些家长认为教辅资料越多越好，他们相信搞题海战术才是提高成绩的关键。但事实并非如此，过度做题可能会让孩子感到疲惫不堪，降低做题的准确率，甚至会让孩子产生厌学的情绪。

最好是帮孩子选择一到两套复习资料，引导孩子踏踏实实用好，注重总结错题原因，熟悉答题思路，掌握解题技巧，会比题海战术更有效。

● **学会利用在线资源**

除了纸质版的教辅资料之外，很多线上资源也可以助力孩子的学习。比如，"国家中小学网络云平台""国家中小学智慧教育平台"上有很多免费的资源，包括名师讲授的课程视频，可以从中选取一些进行巩固复习或拓展学习。

在一些音频平台、视频平台、电子书平台上，也有很多可以利用的资源。比如，英语方面，可以收听丰富多彩的英语小故事；语文方面，有生动的诗词动画可以帮助孩子记忆背诵；数学方面，有一些视频生动、直观、清晰地呈现解题思路，非常易懂……好好利用这些线上资源可以很好地助力孩子的学习，另一方面也能激发孩子的学习兴趣。

培养孩子的良好品行，帮助孩子适应学校和社会

提升自省能力，促进胜任感的发展

欢欢在学校和同学吵架了，欢欢爸爸认为两人都有做得不对的地方，但欢欢坚持认为自己没有错。欢欢爸爸一方面有点着急，觉得孩子不会反省自己，另一方面他也意识到一个问题：现在欢欢每天都被学习任务推着走，大量时间都在学习，没时间和小伙伴玩，和爸爸妈妈交流的时间也变得很少。作为家长，欢欢爸爸觉得自己失去了很多跟欢欢沟通、帮助欢欢成长的机会……

自省能力是一种内在人格智力，是人们认识自我、完善自我、不断进步的前提条件。现阶段孩子的自我反省能力还处于萌芽阶段，如果家长能引导他们对每天的生活进行简短的总结，肯定收获、发现不足并共同讨论改进方法，那么会有助于他们提升自省能力，帮助他们获得更多进步。

● **正确引导孩子反思错误与不足**

在引导孩子反思自己的错误与不足的时候，如果我们只是简单、粗暴地指出问题、严厉指责，效果不会好。需要注意以下方面：

第一，要把握时机。最好在孩子心态平稳的情况下进行，当孩子情绪激动的时候，是很难进入反思状态的。

第二，注意反思的内容。比如，孩子犯错了，父母不要过度执着于让孩子认错、要求孩子态度多么诚恳，而应该平静地和孩子分析事件发生的原因、过程，讨论正确的做法应该是什么，以此激发他们内心想要纠正错误的想法，在今后的生活中尽量避免类似的错误。在这个过程中，父母要允许孩子为自己辩解。

第三，鼓励孩子敢于承担后果，勇敢地道歉，清晰地表述自己错在哪里了。如果有物质、金钱等方面的赔偿，父母帮助承担的同时，可以让孩子留下纸质的记录。

第四，注意反思的方式。可以引导孩子在内心自我盘点，请孩子好好想一想，但更好的方式是让孩子用笔记录下来。比如，写一篇小日记。

第五，家长要加强自身的反省意识，避免重言传、不重身教的现象出现。如果希望孩子勇于承认错误，自己做错了事情却总是寻找借口，这样就给孩子树立了不好的榜样。因此，家长要勇于承认自己的错误，并和孩子交流自己犯错误的经历和避免犯错误的经验，形成良好的、善于自我反省的家庭氛围。

● **促进孩子胜任感的发展**

胜任感是一种"相信可以成功完成某事"的信念。有胜任感，孩子会更自信地带着成功的渴望处理事情、完成任务。即使经历了挫折，他们也会很快恢复信心。

一般来讲，在鼓励、肯定孩子的基础上，引导孩子客观地进行反思，能够促进他们胜任感的发展。

首先，家长要多多鼓励、肯定孩子。当孩子得到肯定与鼓励的时候，他们会更有把事情做好的动力，也更有信心。比如学校组织大型活动，邀请学生积极报名各种志愿者岗位，如果孩子主动报名参加，任务完成得很好时，家长可以为他的经历留下记录，将相关视频、照片或者文字发表在自己的社交账号，表示自己对孩子的肯定。如果孩子的表现不尽如人意，家长也要这样做，只需要换一些表达即可，比如"我儿子第一次挑战主持人的任务，这是多么大的勇气啊，我小时候从来不敢去做这么有挑战的事，大大地点赞"。

心理学研究表明，正向强化比惩罚更能增加某种行为的出现频率。也就是说，如果你想让某种行为多多出现，那就需要多多鼓励、肯定甚至给予一定的奖励，而不是在孩子没做到的时候给予惩罚。因此，让孩子见证到自己努力获得的进步，体验到成就感与胜任力，有助于他们日后继续努力。

其次，引导孩子正确地进行反思。鼓励孩子认可自己取得的成就，同时，引导孩子关注自己努力的过程。比如，孩子在考试中取得好成绩的时候，家长可以这样引导孩子关注自己的努力："妈妈给你点个赞，你的努力和付出得到了回报。回想一下自己努力复习的过程，你是不是很有成就感？"如果孩子没考好，建议这样说："失败并不代表你的能力不行。我们认真去找找失败的原因，然后好好努力。付出总会有回报的！"

建立真正的友谊，对朋友真诚相待

10岁的滨滨在学校有几个很要好的朋友，他们有共同的爱好，都喜欢打篮球、玩游戏，不光在学校时总是在一起，放学了也会找机会一起玩。虽然有时候他们会因为上课偷偷聊天、互相传小字条等情况被老师批评，也会偶尔闹矛盾、吵架，甚至扬言要"绝交"，但过几天又好了，所以他们都认为彼此是"铁哥们儿"……

随着孩子一天天长大，虽然他们对友谊的理解还比较粗浅，但对朋友的界定已不再是单纯意义上的玩伴，能玩到一起是前提，同时他们也开始重视能够交心、互相学习、共同提高。当然，他们处理朋友关系时也难免会出现不成熟的表现。因此，作为家长，我们应该对孩子的同伴关系发展规律有所了解，在他们遇到问题的时候能够给予科学的、恰当的开导，帮助他们建立真正的友谊，促进身心更健康地成长。

● **现阶段孩子的友谊发展特点**

了解这个阶段的孩子的友谊是什么样子，有助于我们更合理地看待孩子的友谊，不至于常常感到困惑甚至大惊小怪。一般而言，8~10岁的孩子在友谊发展方面会表现出以下特点：

⊙ 需要有自主选择玩伴的自由；

⊙ 希望和同伴建立深入的友情，并在交往中探索自我；

⊙ 能够站在同伴的立场上考虑问题，但并不能完全站在旁观者的角度看待同伴间的交往模式；

⊙ 在交往中能够口头表达自己的情绪；

⊙ 倾向于从遵守规矩的角度，较为苛刻地评价自己和同伴的行为，嫉妒心、从众行为都很常见；

⊙ 个体之间友谊发展有较大差异，有些孩子只有一两个好朋友，有些孩子会有一大堆好朋友。

● **引导孩子了解什么是真正的友谊**

我们需要引导孩子慢慢了解什么是真正的友谊。可以通过自己及孩子的亲身经历、名人故事、社会热点事件、电影里的故事等，告诉孩子真正的友谊通常有以下特征：

- ⊙ 接受对方的所有，包括缺点；
- ⊙ 无论顺境或逆境都会支持、陪伴彼此；
- ⊙ 会为了彼此的成功而开心庆祝，真心希望对方好；
- ⊙ 相处起来感到很舒服，理解彼此的心思；
- ⊙ 犯错时会体谅对方；
- ⊙ 不在背后议论对方；
- ⊙ 允许彼此结交新朋友，不嫉妒、没有强占有欲；
- ⊙ 坦诚，彼此信任。

● **帮助孩子扩大朋友圈，并建立真正的友谊**

多提供有利于孩子交朋友的机会。比如，报名参加一些研学活动，可以帮孩子认识更多兴趣爱好相同的朋友。再比如，积极参加社区为孩子们组织的活动，有利于孩子认识更多可以经常一起玩、一起学习的朋友。

帮助孩子认识到"真正的友谊是不能用金钱买到的"。与以往相比，这一代的孩子手里的零花钱比较多，同伴之间花钱买礼物、请客等现象司空见惯，很容易形成互相攀比、以钱为重，将友谊建立在钱的基础上的不良风气。家长要留心观察，并及时给予正确的指导。

强调朋友之间要以诚相待。这个年龄的孩子很容易有妒忌心，所以更要提醒他们以诚相待对于维持良好友谊关系十分重要。比如，要求他们不能因嫉妒对方的优秀而背后中伤对方，双方之间出现了问题，最好的应对方式是坦诚沟通。

● 引导孩子正确处理朋友之间的矛盾

我们需要让孩子了解到：通过各种方式建立起的同伴友谊，需要长期的精心维护才能"保鲜"，朋友之间不可能永远不出现矛盾、问题，当问题出现的时候，正确处理就可以了。同时，家长要关注孩子，当孩子无法独立解决友谊上的问题时，要及时给予孩子正确的指导。

● 跟孩子聊聊经营友谊的方法

良好的友谊是需要经营的，虽然孩子还比较小，但也可以慢慢引导他们，教他们学习如何经营友谊。

常联络，不要只在需要帮助的时候才联系朋友。尽管现在人们习惯了网络社交，但真实的、面对面的交往其实非常有意义。所以要鼓励孩子多和朋友在现实中相处，并提供机会。比如，对于孩子在研学中认识的朋友，如果孩子之间志趣相投，就可以创造两家人一起游玩的机会。

在朋友需要帮助的时候伸出援手。朋友之间应该相互帮助，孩子之间的友谊也不例外。可以给孩子讲一些朋友之间互相帮助的故事。

懂得与朋友之间相互学习。引导孩子多多发现朋友身上的优点，懂得欣赏朋友，赞美朋友，互相学习，共同进步。

保护彼此的隐私。这是朋友之间的底线之一。切忌把朋友的隐私当成谈资，要真正能保守秘密。

学会换位思考，有同理心

旭旭的妈妈发现旭旭有点缺乏同理心。比如，在公交车上，旭旭不肯给老人让座，因为他觉得自己站着也很累。再比如，旭旭骑自行车上学，喜欢把车子停在离校门口最近的位置，方便他快速走进校门。可是保安叔叔每次都得给他挪自行车，以免挡道。妈妈提醒他这样会给保安叔叔增加工作量，旭旭却无所谓，依旧我行我素……

简单来讲，同理心泛指心理换位、将心比心，也就是设身处地地觉知、把握与理解他人的情绪情感、认知状态，体现在情绪自控、换位思考、倾听能力以及表达尊重等方面。同理心能够使孩子关注到周围的其他人或事物，而不会过度关注自己，有利于孩子形成较好的人际关系。甚至还有研究表明，同理心强的孩子，创造力更好。那么，应该如何促进孩子同理心的发展？

● **家长以身作则，给孩子树立榜样**

父母在日常生活中要以身作则，如果父母遇事总是能够换位思考，孩子就会跟着效仿。比如，现在这个阶段，孩子仍习惯于将父母作为最先想到的倾诉对象。父母在与孩子沟通的时候，要尊重孩子，让孩子说话，专注地听孩子说话，准确了解其内心感受，表达同理心——这既是有效沟通的必要条件，也是给孩子树立富有同理心的榜样。

● **在生活中促进孩子同理心发展**

我们需要意识到，同理心的差异与我们的教养方式有关系。在教育孩子时，说明他的行为对别人的影响，如"你淘气弄坏了爷爷的眼镜，现在爷爷没法看书了"，会有利于孩子同理心的发展；如果习惯于只责怪他的行为，如"你太淘气了"，则对同理心的发展无益。

在日常生活中，有很多机会可以教孩子换位思考。比如，一起看电影或者读书的时候。这个年龄段的孩子已经具备了较好的理解能力，家长可以在观看或者阅读之后和孩子讨论，请孩子说说如果他是主人公，他有怎样的感受，他会怎么办……

孩子往往可以从游戏中学习。因此，促进孩子同理心的发展，也可以用一些有趣的方式。比如，和孩子一起坐在公园里的长椅上观察路人，试着猜一猜路人的心情如何，并说明是根据哪些线索判断出来的。这样既能培养孩子识别他人情绪的能力，也能让孩子注意到表情、动作、声调等是如何影响他人的情绪的。

● **教孩子换位思考"四部曲"**

还可以抓住时机引导孩子操练换位思考"四部曲"：

⊙ 如果我是对方，我需要的是……

⊙ 如果我是对方，我不希望的是……

⊙ 我原来的做法是……这是否是他期望的方式？

⊙ 按照他期望的方式，我可以尝试……

不过，需要注意的是：如果孩子和别人发生矛盾，正处于情绪爆发期，此时不宜强迫孩子换位思考。需要等孩子情绪平静下来以后，再作引导。

了解祖国各地，培养家国情怀

妈妈带着潋潋去北京游览故宫博物院，潋潋问了很多问题，比如，故宫的房子都是木头建成的，怎么经过这么多年还如此坚固？冬天住在里面太冷了怎么办？为什么故宫里有这么大的水缸？妈妈给潋潋讲了好多关于故宫的故事，介绍了故宫强大的排水系统和防火系统，告诉他这些都彰显着古人的智慧与伟大，我们后人应该为祖国拥有这些伟大的文化遗产感到自豪，并且要学习他们的智慧做法与匠人精神。潋潋还特别喜欢故宫里售卖的文创产品，说要学着用榫卯积木在家里搭建一个小型故宫。

文化是一个国家、一个民族的灵魂，也是国家实力的象征，没有强大的文化，就成不了强大的国家。因此，对中华文化的自信是值得我们的后代坚定与发扬的。

家国情怀，就是以国为家，来自儒家思想，是修身齐家治国平天下的延伸。

家长带着孩子游览祖国的名胜古迹，参观国之重器、重点工程，体验非物质文化遗产相关活动，可以让孩子对中华优秀传统文化产生自豪感，从而升华到对中华民族的自信、对中国特色社会主义道路的自信、对祖国综合国力的自信。

● **培养家国情怀的重要意义**

家国情怀是中国人对自己的小家庭和国家祸福一体、荣辱与共、休戚相关的情感体验以及价值认识的产物。家国情怀在增强民族凝聚力、建设幸福家庭、提高公民意识等方面都有重要的时代价值。虽然今天的中国已经非常强大，但也面临许多不稳定因素，在经济、军事、科技等方面也面临诸多挑战，加强对祖国下一代的爱国主义教育，培养家国情怀显得尤为重要。

● **了解榜样故事，培养家国情怀**

榜样的力量是无穷的，古往今来富有家国情怀的名人故事，值得每个中国人了解。

比如，屈原忠于国家、忠于人民的忠贞情愫天地可鉴，以屈原为原型创作的影视作品很多。端午节的时候，可以和孩子观看相关影视作品，一起加深对屈原以及我国传统文化的了解。

再比如，"中国原子弹之父"钱三强曾说，"科学没有国界，但科学家有祖国"。当年一批批在海外已有卓越成就的科学家放弃国外的优越待遇回到祖国，吃苦耐劳，甚至隐姓埋名，为建设伟大祖国贡献自己的力量。家长可以搜索钱三强、钱学森、华罗庚、袁隆平等科学家的故事，带孩子了解这些伟大的科学家为祖国奉献一生的感人事迹。

此外，辛弃疾、杨靖宇、李小龙、王伟等古往今来的名人故事，也值得每个中国人了解。

● **身临其境，培养家国情怀**

外出旅行时，身临其境地体验，是培养家国情怀很好的方式。亲眼看到、亲手触摸到、亲耳听当地人的讲述，会让孩子记忆更深刻。

参观博物馆。博物馆是培养家国情怀必打卡的地方，无论是国家博物馆还是各省市的博物馆，每件馆藏都是一段历史。有时候博物馆还会举办特别展览、特别活动。

参观红色景区。著名历史事件发生地是现代人见证历史的重要方式。家长可以带孩子去参观十大红色景区，它们分别是延安革命纪念地、西柏坡、韶山、天安门广场、古田旅游区、井冈山风景名胜区、遵义会议会址、瑞金共和国摇篮景区、周恩来故里旅游景区、邓小平故里旅游区。

● **开阔眼界看祖国，培养家国情怀**

现在有很多优质纪录片，如美丽祖国类、中华美食类、民俗类等，带孩子看一看，有利于孩子开阔眼界。

比如，《航拍中国》是一部以空中视角俯瞰中国，全方位、立体化展示中国历史人文景观、自然地理风貌及经济社会发展变化的纪录片，以故事化的叙事方式展现出一个观众既熟悉又充满新鲜感的美丽中国、生态中国、文明中国。

比如，《舌尖上的中国》以轻松愉快的叙述节奏和精巧细腻的画面将中国美食展现给观众，既讲述了中国人在饮食中积累的丰富经验，各地不同的饮食习惯和独特的味觉审美，还展现了生存智慧层面的东方生活价值观。类似的纪录片还有《风味人间》《早餐中国》《老广的味道》《人生一串》等。

比如，《民俗中国》通过镜头记录那些传统民俗，呈现了动人的民俗生活画卷，既可以帮助孩子增长见识，又能让孩子感受传统习俗的魅力。民俗中蕴含丰富的文化底蕴，是传统文化中最贴近生活的。

进一步认识各种各样的职业

培培在学校和同学们聊天，偶尔会聊到家长的职业是什么，每个月赚多少钱，有时候也会互相比较。比如，他们发现有的家长是科学家，但赚钱不如做生意的家长多。甚至有些同学还会言语不恰当地讽刺一些家长的职业……在聊到长大以后想从事什么职业的时候，培培并没有说出自己内心真正的想法，因为同学们说出的都是大家认为"高大上"的职业，如律师、经济学家、主持人、飞行员……

随着社会的不断进步，职业类型越来越多样、职业结构越来越全面，构成了丰富的职业世界。以往，很多父母都认为了解职业是孩子长大以后的事。但事实上，小学阶段已经是职业启蒙和教育的黄金时期。

比如，这个年龄的孩子可能会关注父母的职业是什么，收入多少，同伴之间还会互相比较，这个时候就需要帮助他们树立正确的职业价值观。此外，在小学阶段对孩子做一些职业启蒙，注重他们的个体生活与社会工作的联系，还有助于他们提高生活能力，帮助他们养成热爱劳动的习惯。

● **较深入地了解各种各样的职业**

职业启蒙，包括帮助孩子了解职业的类型、行业要求、职业道德规范等，了解基本的知识，了解初级的职业技能，培养高尚的职业情感、良好的职业态度和正确的职业价值观，建立个体与职业世界的联系。

作为小学生职业启蒙教育的重要内容之一，家长可以从孩子的日常生活出发，和孩子一起了解《中华人民共和国职业分类大典》中的常见职业，并向孩子介绍新兴职业，如碳汇计量评估师等。

从孩子的生活出发，具体可以理解为，从跟孩子的衣食住行相关的职业开始探究。比如，人们身上穿的衣服涉及哪些职业呢？生产过程需要农民种植、采集棉花，工人操作机器生产出布料，设计师进行样式设计，裁缝制作出成衣，专业技术人员进行质量检测；运输过程需要司机、快递员；销售过程需要销售员、带货主播、客服……以此类推，层层探索的过程，既能帮助孩子了解许多职业，还能习得许多常识。

可以通过纪录片、影视作品等了解更多职业。比如，纪录片《我在故宫修文物》，将镜头对准了故宫的文物修复师们，他们是故宫里的钟表匠、青铜匠、摹画工、木器工、漆器工……这些职业不为人所熟知。观看这类影片，有利于拓宽孩子对职业的认知，激发他们发现自己兴趣的动力。

另外，可以和孩子聊一聊未来的职业类型。比如，机器人、人工智能等技术给人类的职业结构带来了诸多挑战，很多职业将会被机器所取代。和孩子讨论一下，怎样的职业不会被淘汰以及孩子未来想从事什么职业。

● **认同各种职业的价值，尊重从业者**

当下，受社会主流价值观的影响，一些人的职业观有些偏颇，可能对某些职业有偏见。比如，环卫工人一般会被认为学历低、技能简单，但他们是环境的美化者，让大家每天生活在干净的环境中，他们的职业是社会不可或缺的。再比如，房产经纪人被认为是技能简单的销售人员，但实际上这是个专业性很高的职业，他们需要懂房产专业知识，能熟练使用线上工具，具有数据分析、税费精算能力，足够熟悉周边社区情况……正是因为有了他们的工作，人们才能安心地买卖房子、租房子。

家长需要帮助孩子意识到，每种职业都有它存在的意义。正因为有了各行各业，社会才能良好运转，我们需要认同各类职业的价值，尊重各行各业的从业者。

在和孩子谈及未来想要从事的职业时，家长应摒弃老旧、不合理的将职业分成"三六九等"的职业价值观，结合孩子自身的兴趣爱好、能力、性格等方面，探讨适合孩子、适应社会发展的职业。既能接受新潮、具有时代气息的新型职业，又能接受看起来平凡却不失伟大的职业，用科学长远的观念和眼光参与到孩子的职业启蒙教育中。

● **多鼓励孩子参加各种劳动**

很多营地活动、研学旅行、志愿者活动等都可以帮助孩子体验不同的劳动过程。劳动和教育本身具有融合性，孩子亲身参与，既能感受劳动的辛苦与乐趣，又能感受从业人员精益求精的专业精神和吃苦耐劳的优秀品质，培养对不同职业的正确态度，懂得尊重各种职业角色，还能将个人的职业理想与社会需求相联系，加强对生活的观察，整合职业与自我的关系。

关心家庭和班级事务，积极参与

霖霖在班里总是喜欢默默地做自己的事情，对于当班干部、做志愿者这些事，他是能躲就躲。只有在老师要求全班学生都参加某项活动的情况下，他才会参与。在家里霖霖一般也不会主动说自己的想法或者提要求，往往会选择服从爸爸妈妈的安排……

对于这个年龄的孩子来说，家庭生活和班级生活占据了他们大部分的时间。通过积极参与家庭事务和班级活动，孩子能够更好地适应学校和社会，更具有责任感，能力也会得到更多提高。比如，我们会发现，那些在学生时期表现优秀的班干部，往往长大以后在演讲口才、领导力方面也很优秀，更乐于表达自己的观点，更善于与人合作等。因此，我们需要鼓励孩子关心家庭和班级的事务，并积极参与。

● **树立正确的儿童观，鼓励孩子积极参与家庭事务**

首先，家长应该树立正确的儿童发展观，孩子应该是全面发展的，不能只关注学习。然后要告诉孩子他们在家庭中的地位与作用、权利与义务，让孩子知道自己对于家庭事务是有参与权的，并且也应该为了家庭的和谐发展担起责任。

给孩子分配一些力所能及的家庭事务。比如，每日晚餐后负责扔垃圾；每周负责浇花一次；每周给弟弟妹妹读一本故事书……

其次，采取鼓励孩子参与的家庭教养方式。家长的教养方式对孩子参与家庭事务具有直接影响。一般来说，宽容温情的教养方式、正向支持态度能够促进孩子参与家庭事务的积极性。

家庭中出现需要做决定的事件时，家长应该给予孩子参与讨论、决策的权利。即使最后的决定并不一定是孩子的主张，但父母要鼓励孩子参与讨论，鼓励孩子说出自己的观点并说明理由。遇到超出孩子认知范围的事件时，可以鼓励孩子上网查资料后再参与讨论。比如，妈妈建议买一台净水机，而爸爸觉得净水机是"智商税"，还不如直接买桶装水。对于这个问题，孩子会遇到知识盲点——他不知道净水机的工作原理是什么。所以，需要先去网上搜索资料，然后再参与讨论。

在孩子参与家庭事务的过程中，能够发展他们倾听与表达、观察与思考、沟通与合作以及辩论、决策等技能，并产生自我效能感。

● **给予支持，鼓励孩子积极参加班级活动**

班级是孩子实现自身发展和社会化的重要场所，班级事务关系到孩子学校生活的点点滴滴。孩子关心班级事务，积极参加班级活动，有助于他们获得良好的人际关系，锻炼各方面的能力，获得全面的发展。孩子不愿意参与班级活动，有个性特征、能力等方面的原因，但也可能有一些其他原因，比如家长与班主任沟通不够。家长应该如何帮助孩子提升参与班级活动的积极性呢？

改进家庭教育方式，让孩子多动手多动脑。如果在家里家长事事包办的话，可能导致孩子感到自己能力不足，而不愿意参与班级事务。对于这样的情况，家长应该及时改进家庭教育方式，培养孩子独立自主的能力。

以身作则，带动孩子参与班级活动的积极性。家长应重视班级活动，积极参与。比如配合学校组织的亲子运动会，争取成为家委会成员等。

家庭模拟练习。让孩子参与管理一些家庭事务，比如协助家长为旅行做准备。在积累一些家庭事务管理经验（如统筹多种可能状况、协调多位成员的不同想法、列清单与计划表等）之后，再鼓励他们去竞选班干部。

积极与班主任沟通。可以向班主任了解孩子在学校中的表现，听一听老师的建议，看老师认为孩子更适合参加哪些班级事务或班级活动，再结合孩子的兴趣爱好，鼓励孩子参加相应的活动。因为适合的更容易胜任，胜任则会给孩子带来自信，产生持续参加该活动并挑战其他活动的积极性。

积极参与节约资源、垃圾减量

瑞瑞最近成了家里的环保监督员，他会告诫妹妹用面巾纸的时候节约一点，不要一次拿好多张；也会叮嘱家人随手关灯；还请妈妈去食堂吃饭时带上自己的饭盒，不要使用一次性餐具……

地球环境正面临着巨大挑战，我国为了保护环境积极采取了各种措施，像"限塑令""垃圾分类"这些都是我们寻常百姓力所能及的。节能减排，需要全社会的共同参与。对于孩子来说，他们无论是在学校还是在社会上都会接触到很多环保主题的活动，作为家长，需要从小培养孩子节能环保的意识，以身作则，鼓励孩子和自己一起采取行动。

● 节约资源，从一点一滴做起

让孩子了解为什么要节约资源。可以上网搜索相关资料，尤其是纪录片之类的视频资料，让孩子相对直观地了解节约资源就是在保护地球，保护人类生存的环境。比如，节约用水，不光是为了节省水费。我国是世界上最缺水的国家之一。我国的农业需要大量水资源，但"土渠输水、大水漫灌"的农业灌溉方式仍在普遍沿用，灌溉用水的利用率低。

家长以身作则，树立节约资源的好榜样，带孩子一起行动。节约一滴水、一张纸、一粒米、一度电等，是我们每个家庭、每个人的责任。家长可以和孩子一起搜索关于日常生活中如何节约资源的小知识，做成科普手抄报或者小贴士供家人参考，并呼吁家人一起采取行动。比如：

⊙ 淘米水是很好的去污剂，可以留下来洗碗或者浇花，节能又环保；

⊙ 家用电器在待机状态下仍在耗电，使用完毕应及时拔下插头；

⊙ 夏季使用空调时，不要把温度调得太低，建议 26℃以上；

⊙ 洗碗时先用废纸把餐具上的油擦干净，洗起来既节水又可少用洗涤剂，减少污染；

⊙ 在温室里种植农产品可能需要消耗大量的能源，所以应尽量购买当季的水果和蔬菜。

另外，现在很多孩子知识面都非常广，对于有兴趣、有能力的孩子，家长还可以和他们玩有关节约资源的头脑风暴游戏。比如，针对水资源短缺问题，查阅资料，然后家长和孩子一起，限时头脑风暴，发挥想象力，提出解决方案。虽然孩子提出的方案可能显得稚嫩，但在这个过程中，会开拓孩子的眼界，进一步激发孩子节约资源的意识，培养大局观、全球视野、管理思维等作为世界公民的"软实力"。

● **积极思考垃圾减量的方法并付诸实施**

许多人对垃圾减量的认识存在一定的误区。实际上，垃圾减量需要在产品设计、生产、流通和消费等过程中采用合理措施。感兴趣的话，家长也可以带孩子查阅资料，厘清认识。

日常生活中，关于垃圾减量，主要有两个环节是我们能够掌控的。一个是生活用品的消费，一个是生活用品的丢弃。家长可以和孩子一起查资料、讨论，然后制作一个画册，把自己知道的、想到的办法画下来，然后一一去实践。或者也可以将其当成一个记录册，在自己实践了某种垃圾减量行为之后，用图画的方式记录下来，经过一段时间后，带去学校和班级里的同学们分享。比如：

- ⊙ 尽量不使用一次性餐盒、一次性筷子、一次性水杯、纸巾等；
- ⊙ 订外卖时，选择"无须餐具"；
- ⊙ 收发快递时，注意考虑重复使用包装盒、包装袋；
- ⊙ 购物时自带环保购物袋，不用塑料购物袋；
- ⊙ 尽量购买无须包装、简易包装的商品；
- ⊙ 用纸时，双面书写、双面打印……

关注环保问题并主动向别人宣传

梓妍是个很支持环保的孩子。每次扔完垃圾回来，她都有点郁闷：明明已经要求垃圾分类了，为什么还有人乱扔垃圾呢？妈妈鼓励她做了一个宣传垃圾分类的小海报，张贴在垃圾桶附近。梓妍试着做了，还真有些效果，乱扔垃圾的人变少了……

中小学生是未来生态文明及生态环保的生力军。因此，对他们进行环保教育是十分必要的。除了在生活中从一点一滴做起，身体力行支持环保以外，还可以带他们多多了解环保话题，并向周围的人宣传环保。

● 积极关注各种环保话题

可以引导孩子关注各种环保话题，增进他们对环保的了解。

节能减排。节能减排就是节约能源、降低能源消耗、减少污染物排放。

加强节能减排，是应对全球气候变化的迫切需要，是大家都应该承担的责任。如何做到节能减排呢？对普通人来说，主要可以从节约用电、节约用水、节约用纸、减少废气排放、垃圾分类处理等方面执行。

水土保持。简单来说，水土保持是对自然因素和人为活动造成水土流失所采取的预防和治理措施。比如植树造林、修建鱼鳞坑、梯田、谷坊等。

保护生物多样性。保护生物多样性，是指生物种类越多越好吗？其实不是。生物多样性是指地球上所有生物体及其所包含的基因与其赖以生存的生态环境的多样化和变异性，包括遗传多样性、物种多样性和生态多样性三个层次。

● **就感兴趣的话题进一步探索**

可以针对孩子感兴趣的环保话题，通过各种途径，继续探索。

亲身体验，感受环保势在必行。生活中，家长可以多带孩子走进大自然，亲近河流、山川、植被等，感受生态情况，感受环境如果被破坏会对人类产生的不良影响，深化尊重自然、保护自然的意识。

参观环保主题的展览。尽量抓住机会参加线下的展览。如果没有现场观展机会的话，也可以在网络上找些资源进行云观展。比如，找到一些博主分享的现实视频或图片，或者艺术家为环保而创作的各种艺术作品。在强烈的视觉冲击下，孩子会对环保的重要性有更深刻的感触，同时也会对积极参与环境保护的人或者组织产生敬意。

观看科普节目，了解环保领域的知识。环境保护背后其实蕴藏着大量科学知识。通过网络搜索相关知识，是一种很便捷的途径，但建议通过权威、专业的渠道。比如，近年来，中国科学院的很多研究所都开通了"哔哩哔哩""抖音"等平台的账号宣传科普知识，可以尝试去搜一搜、看一看。

进行家庭环保知识竞赛。一家人一起玩知识抢答比赛。家长提前在网上搜集环保方面的问答题，一人当裁判，其余成员参加比赛。一方面可以在游戏中获得知识，另一方面也能开阔眼界，关注更多环保话题，增强进一步求知的欲望。

● **主动向他人宣传环保理念、知识**

积极参加社区、社会组织等的志愿者活动。我们周围的社区、学校以及一些社会组织经常会举办环保主题活动，比如"地球一小时""世界环境日"等活动。带孩子去当志愿者，不仅可以宣传环保理念，还能交到很多志同道合的朋友，彼此相互鼓励、优势互补，又能更好地宣传环保。

创作环保艺术作品。鼓励孩子像艺术家一样，通过变废为宝、绘画等方式宣传自己的环保理念或想法。对于孩子的作品，尽量找机会进行展示。比如，在小区里进行一个小型作品展，发布到社交平台上，或者联系环保组织甚至电视台等机构争取展示机会，等等。让更多的人发现孩子的作品，让孩子与关注他作品的人沟通对话。这样孩子既可以宣传环保理念，帮助对方了解环保知识，也会因为受到肯定和关注，从而更有信心和兴趣去做这件事。

录制短视频，通过网络传播环保理念。可以鼓励孩子策划、录制环保主题的短视频发在短视频平台上。这样做既能促进他们掌握尽可能多的环保知识，努力宣传环保，还能提升他们的组织策划能力、语言表达能力等，可谓一举多得。如果家长不希望自己的孩子在网络上曝光，可以选择戴可爱的实体面具，或者应用平台提供的能遮脸的道具等不露脸的方式。

做自己情绪的主人

随着孩子年龄的增长，乐乐妈妈发现自己经常因为乐乐生活或学习中的一些小事发脾气，对着乐乐大喊大叫……事后，乐乐妈妈又会懊悔，觉得不该那样对待孩子。为什么不能好好控制自己的情绪呢？乐乐妈妈很想学习调整情绪的方法。

认识和学会管理自己的情绪是我们人生中非常重要的一门课程。作为家长，我们确实都需要学习一些自我调节的方法，做情绪的主人，对情绪把握有度，保持良好的心态，为自己、为家人营造出更健康、更有序、更美好的生活。

● 学会觉察自己的情绪感受

生活中，我们会产生各种各样的情绪感受，比如，兴奋、懊恼、不安、焦虑、紧张、愉悦等。常见的描述情绪的词语特别多，但是在现实生活中，很多人有了情绪却不自知。

因此，我们需要帮助自己去觉察当下的情绪感受。我们可以这样与内在的自己对话：

⊙ 我现在好像有一些情绪？

⊙ 这种情绪的名字叫什么呢？

⊙ 如果我不能准确地说出这种情绪的名字，可以给它取一个什么名字呢？

⊙ 这种情绪带给我的具体感受是什么呢？

当我们能够准确地说出自己的情绪感受，就可以做下一步的工作了。

● **学会接纳当下的情绪**

接纳当下的情绪，对很多人来说都是一门很难的功课。学习接纳，要从接纳自己的"不接纳"开始。我们的"不接纳"，往往来自成长过程中所缺乏的情绪接纳体验。

比如，小时候，我们摔倒了哭了，父母说"不疼，不要哭！要坚强"，这种经历让我们形成对自己情绪的不接纳。再比如，女性的愤怒情绪容易被认为是"矫情"，而男性的悲伤情绪则容易被认为是"软弱"，这种社会文化的影响也让我们对一些情绪不接纳……另外，小时候的我们也难以从周围的人或者学校教育中接受关于如何接纳情绪的教育和训练，这也导致即使我们是成年人了，这方面的能力依然匮乏。

接纳情绪，简单说，就是：

⊙ 允许当下的情景和它给自己带来的情绪感受。

⊙ 允许有相应的情绪从身体中流淌出来、喷涌出来……直面自己的情绪，而不是逃避。

⊙ 允许自己的情绪是好的或者是坏的。其实，情绪本没有好坏之分，所谓好坏是我们自己对情绪的评判。

⊙ 允许自己在面对情绪时，或许是条件反射式的应激，或许是真心接纳它的发生。也就是说允许自己当下的真实状态的呈现。

做到这几点，我们就从内心真正接纳了自己的情绪。

● 学会表达自己当下的情绪状态

在接纳了自己的情绪之后，能够真实、清晰地把自己的情绪表达出来，也不是一件很容易的事。如何有效地表达自己的情绪呢？

首先，在描述自己情绪的时候，不要用"很好""还成""糟糕"之类评价型的词语，要使用"郁闷""开心""委屈"等跟情绪直接相关的词语，最好还要说出产生这些情绪的原因，使对方能够清晰地了解自己的情绪状态及原因。

其次，在情绪刚刚出现时，就开始沟通。这样我们可以保持相对的冷静，也更容易表述自己的情绪感受。比如，看到自己桌上的物品被弄得乱七八糟，就直接说"你这样对待我的物品，我会很生气"。

最后，邀请当事人换位思考。当我们觉得难以表达自己的情绪时，可以邀请当事人换位思考。比如，和对方说"如果你遇到这样的情况，你会有什么样的感受"。当对方能够换位思考时，彼此之间也就更容易表达各自的感受和情绪了。

● 学会运用一些策略，进行自我情绪调节

每个人都可以具备自我情绪调节的智慧。使用情绪调节策略，可以让自己当下的情绪状态得到调整或转化。下面推荐几种常用的、普适化的策略。

⊙ 暂停，让自己深呼吸，10 次一组，做 3 组。通过深呼吸，去感受自己的情绪，同时可释放情绪压力。

⊙ 选择自己喜欢的一种运动或听一首自己喜欢的音乐，平缓自己的情绪状态。

⊙ 在不伤害自己、不伤害他人的情况下，宣泄自己的情绪。

⊙ 如实表达自己当下的情绪感受，直接说出自己的需求和对对方的期待。这是最有效的策略。

如果以上策略都不能让自己的情绪得到有效释放或调整，也可以停下来，问自己 6 个问题。

⊙ 站在当下你的情绪对面的视角来看待这一情绪，你会对自己说什么？

⊙ 站在 30 年后你成功的视角来看待这一情绪，你会对自己说什么？

⊙ 站在整个宇宙的视角来看待这一情绪，宇宙会对自己说什么？

⊙ 站在一位智者的视角来看待这一情绪，智者会对自己说什么？

⊙ 通过多个视角看待这个情绪，你有什么新的发现和觉察？

⊙ 如果你去整合这些视角的智慧，你会有哪些新的策略来解决这个情绪或问题？具体怎么做？

当我们尝试学习面对自己的压力或情绪的时候，会发现正确地表达情绪，表达情绪背后的需求，并不是想象中的那么困难，更不是一件可怕的事情，它反而会给我们带来自我审视的机会，以及与他人建立起更好关系的可能性。

做好家校共育

小铮上四年级了，近期学校要组织家校共育活动，计划去郊区农场种蔬菜。小铮不想去，他认为农场又远又臭，到处是鸡粪味、牛粪味，他可不喜欢。小铮妈妈也觉得孩子现阶段的任务就是学习，种菜和孩子的实际生活比较远，所以她想给小铮请假。但是，班主任是刚换的，妈妈担心跟老师沟通不顺畅，因此她有些纠结……

家庭教育与学校教育联合起来，形成一股强大的力量，才能为孩子的成长、发展奠定坚实的基础。当下，学校会开展不同形式的家校共育活动，比如，家长学校联系日、家庭教育讲座、亲子运动会、郊游等。建议家长积极参与，不要认为这些活动是在走形式、浪费时间。

● **理解家校共育的意义**

家校共育的目的是让家庭教育和学校教育形成合力，共同作用于学生，共同促进学生的健康成长。

通过各种活动，家校共育有利于家长、教师互相了解彼此的教育理念、教育内容、教育方法，在了解的基础上，做到互相弥补、互相促进、互相提升。另外，家校共育往往直接促进了家长与教师之间的沟通，可以让彼此从不同的视角了解孩子，有利于更好地促进孩子的成长。

● **积极参与家校共育**

第一，及时关注活动信息，表达乐意参与的态度，给孩子传递"正能量"，帮助孩子认识学校活动背后的意义和价值，鼓励孩子积极参加。

第二，家长可以申请做家校共育活动的志愿者，如负责拍照、负责维持纪律、负责组织活动、负责购买材料等。当志愿者，不仅仅是对学校工作的支持，还能更多了解学校、了解老师、观察孩子的在校情况，比如，实际看一看孩子在同学当中的人际关系，有助于自己更好地计划家庭教育方案。

第三，就活动情况，比如活动带给自己、孩子的感受，积极沟通反馈给学校，供学校参考，以备日后改进活动。

理解孩子，促进亲子交流

悠悠妈妈下班回家，悠悠马上跑过去，一脸委屈地告诉妈妈她今天在学校被老师批评了……悠悠的话还没说完，妈妈就生气地说："你怎么老是惹事呢？老师批评你，肯定是你做错了，不然老师不会无缘无故说你……"妈妈越说越生气，悠悠愣在妈妈面前听着妈妈一连串的责备，突然转身冲进卧室，"砰"地关上房门。在房间里，悠悠一边哭一边想，以后有什么事情再也不和妈妈说了。

妈妈说了很多话，但问题没有得到解决，反而局面看起来更糟了……这一幕是不是似曾相识？随着孩子年龄的增长，他们的心智快速发展，家长和孩子之间的关系也开始发生变化。家长怎么说，孩子才愿意听？家长怎么听，孩子才愿意说？这成为当下很多家长要面临的新功课。

● 创造机会，融入孩子的世界中

在这个阶段，孩子可能开始显得更喜欢和伙伴在一起。但事实上，无论在生活还是学习中，孩子都很渴望与父母一起做些什么。

因此，建议和孩子一起做一些有意义的事情。如，假期了，和孩子一起规划出游时间、目的地，查找出游攻略，进行物资储备，等等。在这个过程中，要注意和孩子形成平等的合作伙伴关系，放下命令、指责、随意评判等。如果这样做了，这个过程带给孩子的就是成功背后的掌控感，他们会感到自己和父母是平等交流，有利于拉近亲子关系。

另外，中年级的孩子获取信息的能力不断提升，他们从学校带回来的很多新鲜信息可能也给父母带来了新的挑战，父母需要恰当地、智慧地应对。比如，不要不懂装懂，要虚心向孩子请教，请孩子讲给自己听，或者和孩子一起查资料、一起实验，等等。这些既是美好的亲子互动，又给孩子树立了虚心好学的榜样。

● 和孩子一起运动，建立有效联结

对于成长发育中的孩子来说，运动就像阳光、空气和水一样，是健康成长的条件。丰富多样的体育运动对孩子骨骼、肌肉、皮肤的健康都有利，同时，运动还能让孩子快乐、自信，有助于孩子建构良好的心理、情感状态。

运动也是家长和孩子建立有效联结的重要途径。一起骑行、一起打羽毛球、一起滑雪、一起滑冰，甚至是一起晨跑、一起散步、一起跳绳等简单常见的运动，都可能是敲开孩子心门的途径。在与家长的同频运动中，孩子更愿意敞开心扉、表达自己。

因此，我们可以在生活中多创造和孩子一起运动的机会，既强身健体，又能促进亲子间的互动交流。

● **当孩子犯错时，注意沟通方式**

在孩子成长的过程中，总会犯这样或那样的错误，如果家长总是习惯性地对孩子进行批评和指责，不仅难以起到教育效果，还有可能阻碍亲子之间的沟通。当孩子犯错误时，建议家长基于孩子的感受，参考下面的七步法进行沟通：

⊙ "亲爱的宝贝，我很好奇，发生了什么事情？"——让孩子先冷静下来，同时站在孩子的角度去了解事情的原委。

⊙ "现在，你的感受如何？"——关注并同情孩子的感受，让孩子的情绪有个出口。

⊙ "接下来，你想做什么？"——了解孩子的内心想法，对孩子的想法给予足够的尊重。

⊙ "这么做，会有哪些后果？"——引导孩子思考不同行为将会带来的后果，以及他自己是否愿意接受。

⊙ "了解了所有后果，你的决定是什么？"——让孩子自己思考下一步行动。即便他的选择不符合你的期待，也要尊重孩子的决定。

⊙ "你希望我帮你做什么？"——让孩子知道父母信任他，并且愿意全力以赴帮助他。父母的支持是孩子坚强的后盾，这会让孩子更有信心。

⊙ "如果下次再出现这样的情况，我们该怎么做？"——让孩子学习反思。等事情过去以后，给孩子审视自己的机会，反思自己的判断和解决办法是否有效，增强判断能力。

如果用一个比喻来形容好的亲子关系模式，我们可以这样形容：父母是舵手，负责把握大方向，站在一定距离外监督孩子；孩子是自由的水手，可以自由探索。

应对孩子成绩"滑坡"问题

多力今年上四年级了，半学期下来，妈妈明显感觉到孩子的成绩在下降。对于一些数学应用题，多力好像总有点绕不过弯儿来，其他学科也出现了一些问题。这让多力的妈妈很焦虑，也很困惑。

一些孩子到了中高年级，会出现学习成绩"滑坡"的现象。比如，老师讲了很多遍的内容，就是记不住；数学题稍微复杂一点，就被困在那里；作文经常需要重写……当孩子学习成绩不理想，感到困扰时，我们该怎么办呢？不要盲目地进行题海战术，或者跟风报各种辅导班。最重要的是先要真正弄清原因，然后做针对性调整。如果感到自己没法帮助孩子，也不必慌张，及时求助身边或网络社群里可信的育儿达人、学校老师、专业人士等。

● 首先弄清孩子是否被关系影响了学习

孩子容易受家庭、学校里的关系影响。家庭关系对孩子的学习成绩影响较明显。一些家庭环境下成长的孩子容易出现情绪和行为问题，进而导致学习困难。比如，家庭成员之间关系不和睦、矛盾冲突多，家庭成员之间缺乏情感表达和交流,教养方式不良,家人教养态度不一致……孩子在学校的关系,比如来自师生的歧视,也会影响孩子的学习。

● **认真审视孩子的学习能力和学习习惯**

孩子的学习能力一方面来自先天遗传,一方面来自后天训练。我们可以尝试带着孩子一起探索自我学习能力的长板和短板,扬长避短。比如,孩子是否在学习上更依赖某个感觉通道,如只看书不朗读,只认读不愿意书写,喜欢听书不愿意阅读,等等。再比如,有没有因为不喜欢某个老师而造成偏科……这些问题都可能导致学习困难。找出问题,再有针对性地想办法解决。

同时,学习习惯也非常重要。和孩子一起思考哪些习惯值得保持,哪些习惯需要调整。

● **引导孩子探索适合自己的学习方法**

每个孩子都有最适合自己的学习方法,我们需要帮孩子找到合适的方法。比如,预习、听讲、答疑、写作业、复习等环节是否完整?每个环节中孩子又是如何做的?留心观察,把孩子在这几个环节的具体做法搞清楚,可能就知道孩子是否需要调整学习方法了。比如,在背诵作业上,孩子总是一遍又一遍诵读,但长时间都背不下来。这个时候,我们可以引导他试试边读边背的方法。

● **必要时向专业人士咨询**

向专业人士咨询,也是一个重要策略。比如,儿童的大脑功能可塑性很大,专业人士可以系统性地对孩子进行多方面的评估,在此基础上因材施教,给出恰当的建议,及时发现、解决问题,促进提升。再比如,对于学习确实存在困难或障碍的孩子,制订个体化方案进行综合指导。

10~12岁

本阶段孩子身心发展

这个年龄段的孩子一般处于小学高年级，这一阶段的孩子随着生理年龄的变化，逐渐步入青春期。

体格发育

神经系统发育方面，该阶段的孩子表现出均匀和平稳的特点。脑重量增加很快，已经接近成人水平，脑的兴奋过程与抑制过程逐渐趋向平衡，觉醒时间延长，睡眠时间缩短。孩子大脑的兴奋、抑制功能虽有发展，但仍低于成年人的水平，所以过度的兴奋或抑制对孩子的身心健康都是有害的。

心血管系统发育方面，小学生血液循环量增大，新陈代谢加快，肺活量也随着年龄增长而显著增加。家长应鼓励孩子多参加体育锻炼，但要注意不要参加过度剧烈的运动或过于繁重的体力劳动，以防损害心脏。

心智发展

在记忆发展方面，小学五年级的孩子已经能够成熟运用记忆的组织策略，但精加工策略一般需要在成人的指导之下才能够逐步发展起来。因此，家长可以教授孩子一些防止遗忘的记忆策略来辅助记忆。

在思维发展方面，到了高年级，孩子逐步学会区分事物的本质和非本质特征，逻辑思维的自觉性也开始发展，同时，五六年级也是思辨思维稳步发展的时期，但仅是初始阶段。另一方面，这一阶段孩子解决问题的能力也会显著提高。其思维的深刻性、广阔性、批判性和自我监控的水平也在迅速发展。

个性和社会性发展

在品德方面，这个年龄的孩子可以逐步把纪律原则变成自觉的行动，道德知识也初步系统化，从依附性向自觉性过渡，从外部监督向自我监督过渡，从服从性向习惯性过渡。总的来说，品德发展比较平稳，冲突性和动荡性较少，所以说这个阶段依然是培养道德行为习惯的最佳时期。

在社会性方面，亲子关系中，父母要注意在一定距离内进行监督和引导，要有效地利用与孩子沟通交流的时间，同时加强孩子的自我监督行为，逐步引导他们自己做出更多的重要决定；在同伴关系中，孩子发展了对于"朋友""友谊"概念的理解，认为朋友之间可以相互分享，相互信任，要同甘共苦。同伴关系对孩子的影响也越来越深刻，良好的同伴关系能够给予孩子归属感，提供他们表达自我和展现自我的机会，从而发展沟通能力、竞争与合作的能力；

在师生关系中，有别于低年级，高年级的孩子不再无条件地服从、信任老师，开始评价老师，对不同的老师有不同程度的喜欢，由此也会影响他们对于老师所教授学科的喜爱，进而可能体现在该学科的学习成绩方面。

一起健康、安全地生活

了解性发育和性卫生

最近，妈妈发现熙熙换下内裤马上就清洗干净了，不像以前要放好几天才磨磨蹭蹭地去清洗。妈妈问了一下熙熙，熙熙说现在内裤容易脏，上面有分泌物。妈妈意识到熙熙的月经初潮快来了，让她做好准备。

一般来讲，女孩大约 10 岁后，男孩十一二岁后，开始进入性发育期。家长需要提前做好准备，给孩子逐步完善性教育内容，让孩子知道基本的性发育和性卫生知识。

● 及时科普性发育知识

为了帮助孩子健康度过性发育期，建议家长及时给孩子科普相关知识。即使有的家长已经提早对孩子进行了性教育，比如小时候阅读过相关的绘本，但当孩子进入性发育期的时候，家长仍然需要择机给孩子科普相关的性发育知识。这是因为孩子此时对相关知识的认识相比性发育期之前会有较大差异。

跟孩子的沟通方式可以灵活处理，借助一些书籍、影像资料，也可以跟孩子直接说明相关内容。

需要让孩子了解男性、女性的生殖器官的构造和功能，让女孩子知道月经周期的知识和月经期间的护理保健知识，让男孩子知道遗精及相关的生理、心理变化。

让孩子知道在性发育期，由于性激素的作用，身体在发生巨大的变化且男女有别。比如女孩子会出现哪些变化，男孩子会出现哪些变化，以及什么样的变化是正常的，什么样的变化是异常的。

更重要的是，家长要让孩子了解身体的这些变化会带来其他变化。比如会出现性幻想、性冲动，会改变对异性的看法和想法，可能会对异性产生强烈好感，等等。家长要让孩子了解这些变化都是性发育引起的，是普遍现象，是正常的，所以遇到困惑是可以跟父母谈论的。

如果家长不主动跟孩子谈论这些，那么孩子会从其他途径去获取相关知识，很可能被不良信息误导。

● **耐心传授性卫生知识**

家长需要传授给孩子相对具体的性卫生知识。

要让孩子了解性器官的卫生保健知识，知道如何清洗和保护性器官。也要让孩子了解跟性器官相关的疾病以及如何预防。

指导孩子学会选择和使用相关卫生物品。比如，妈妈要教女儿学会选择并正确使用卫生巾，避免错误选择或者使用不当带来的影响。再比如，家长要教孩子学会选择合适的内衣、内裤，了解内衣、内裤的更换频率和清洗方法。女孩要知道如何保护乳房健康，以及如何佩戴合适的文胸。

适应身体的发育变化

媛媛以前很爱上体育课，但从六年级开始，她不喜欢上体育课了，尤其不爱那些蹦蹦跳跳的活动。体育老师感觉奇怪，找媛媛谈了谈，但没问出原因来，就联系了媛媛妈妈。在妈妈的追问下，媛媛吞吞吐吐说出了原因：她发现自己乳房发育了，蹦蹦跳跳的时候，不仅不舒服，心里还觉得不好意思，仿佛其他人都在盯着自己的前胸看。

进入性发育期，孩子的身体会发生巨大的变化，这可能引发孩子情绪、思想、行为等多方面的变化。在此阶段，家长需要跟孩子多沟通、多交流，帮助孩子更好地适应身体的发育变化。

● 帮助孩子接受、适应身体的变化

性发育带来的身体变化给孩子造成的影响可能是巨大的，家长不宜忽视。家长需要耐心陪伴并科学指导孩子，帮孩子适应和接受自己独一无二的身体。

帮助孩子去接受和适应性发育带来的体形、外貌方面的变化。比如，孩子要接受开始长青春痘的现实，家长要带他学习皮肤护理知识；孩子要适应变声期的嗓音变化，接受从之前的清脆响亮变成现在的沙哑低沉，家长需要教他们保护嗓子，如不过度用嗓，少吃辛辣刺激食物，多喝温开水，等等；孩子还可能要适应原先比自己个子矮小的同学过了一个暑假就比自己高多了……当然，孩子还要去适应他人对自己身体变化的评价。

作为女孩的家长，还要帮助孩子尽快熟悉自己在月经周期不同阶段（月经期、卵泡期、排卵期、黄体期）的身体状态，能相对准确地知道自己每个月的月经期，了解自己有没有经前综合征，清楚自己在月经期有没有不适，知道如有不适该怎么去应对。

● 引导孩子进行必要的行为调适

身体变化引起行为变化，调整行为也可以更好地适应身体变化。家长要

帮孩子认识和了解如何通过调整行为去适应身体的变化。比如，针对因乳房发育而感到活动不便的女孩，家长可以帮孩子挑选合适的运动内衣，以便孩子可以从容自若地参加相关的体育活动。另外，引导孩子根据身体状态对自己的作息做合理的安排和调整，妥善安排学习、锻炼、饮食、睡眠、休息等。

了解身体的健康状态

妈妈最近发现小文胃口不好，吃饭时随便吃几口就不吃了，睡眠质量也不好，白天老犯困。有一天，小文放了一个特别臭的屁，妈妈一了解，这才知道原来小文已经一星期没有大便了，不爱吃东西、睡眠不好，可能都跟便秘有关……

对于这个年龄段的孩子，家长不可能再像他们小时候那样事无巨细地关注，而重在引导他们自我管理。其中很重要的一点，就是引导他们学会了解自己的身体健康状态，了解身体的表现是正常还是异常。

● 了解大小便与健康的关系

便秘会影响孩子的生活与学习。遇到孩子吃饭没胃口、注意力不集中、睡不着、烦躁、老放很臭的屁等问题，家长通常会从食物、运动、压力等方面去找原因及解决办法，往往疏忽了排查便秘问题。

实际上，不少孩子有便秘问题，甚至是较长时间的便秘。造成孩子便秘的原因也很多：久坐不动，不爱喝水，日常食物单一，喜好油炸、辛辣等重口味肉食，学习压力大……

跟小年龄的孩子公开谈论"屎尿屁"不同，从五六年级开始，孩子一般将这些视为隐私话题，避而不谈了，大小便不正常的现象就很容易被忽视。所以，家长有必要引导孩子了解大小便与身体健康的关系。

可以找一些科普读物或者视频与孩子一起了解，从医学的角度跟孩子交流沟通，帮助孩子形成正确的认识，养成良好的生活习惯，在出现异常情况时，除必要的就医外，懂得调整饮食、睡眠、运动等。

● **学会自测，判断健康状态**

除了对大小便的认识和了解，本年龄段的孩子还应了解更多健康自测知识，判断自己的健康状态。比如，学会检测并判断心率、体温、体重、身高、视力等是否在正常范围，并且能够感知到心率、体温、视力等异常与正常时的不同。当异常情况出现时，比如突然心跳过快、头晕目眩、颈椎酸痛、视力下降、食欲突然不好或大增、腿上出现一个脓包、关节疼痛等，能及时告知家长。建议家长储备相应的健康知识，以便及时、相对准确地判断孩子异常反应可能的原因及应对策略。比如，能够判断孩子的关节疼痛属于自然的生长痛还是病理痛。

另外，十一二岁的孩子通常比以往更在乎自己的身高、体重，会与同学比较，家长需要引导孩子形成良好的心态，不盲目追求越高越好、越苗条越好，要以是否健康为标准，去看待各项身体数据。所以，要让孩子了解本年龄段的身高、体重参考标准，并了解身高、体重受哪些因素影响，可以通过哪些做法科学、健康地进行改善。值得注意的是，如果孩子身高数据低于正常标准，不建议盲目去打生长激素，而要从营养、睡眠、体育锻炼等方面去寻找方法，帮孩子健康长高。

科学运动，收获健康

有一段时间，周围兴起了跟着网红直播锻炼身体的小热潮，冬冬一家也兴致勃勃地跟进了。第一天，在连续运动不到 1 小时后，爸爸宣布吃不消，倒在沙发上休息了。第二天，运动了半个小时后，冬冬也直喊浑身酸痛，不想动了。妈妈坚持得最久，但在第三天连续高强度运动 1 小时后，一个没站稳，跌倒在地，崴脚了。后来全家人决定重新制订一个适宜的运动计划，让全家人科学健身，从运动中收获健康。另外，全家一致推举冬冬作为运动监督员。

培养科学合理的运动习惯有助于孩子身心健康发展。另外，家长与孩子一起运动，也是陪伴孩子的良好方式。建议让孩子成为全家人的运动监督员，带领全家一起运动。

● **掌握有关运动的基本常识**

建议家长与孩子一起学习有关运动的基本常识，了解体育运动的注意事项，养成良好的运动习惯，避免运动伤害，达到健康身心的目的。让科学运动的意识贯穿运动全过程，包括：认真做好运动前的准备，运动中注意动作规范科学，运动后进行恢复放松。

每次运动前都要评估自己的身体情况，确定是否适合运动。然后选择合适的运动方式，计划运动量，检查着装是否符合该运动项目的要求。如果运动项目涉及特定场地和器材，需要检查场地和器材，消除安全隐患。另外，运动前要进行热身活动，降低运动伤害发生的可能性——运动前不重视热身活动，是造成运动伤害的重要原因。

在运动过程中，要熟悉运动器材的性能及使用方法，严格遵守相关操作规范，掌握动作要领，做到动作规范、科学。把握适当的运动强度，懂得运动间的休息和调整，运动量要适合自己当前的运动能力。运动中对自己的身体状况保持敏感，清楚自己当下的状态，如有不适，及时停止运动，必要时迅速寻求帮助。另外，剧烈运动后要有缓慢运动的时间，突然停止容易出现心慌、晕倒等现象。

运动后需要进行恢复活动。恢复活动可放松身心，让人体从紧张运动状态过渡到安静状态，使心脏逐渐恢复平静。运动后要及时自我检查运动反应：

运动后感到疲惫、精神不振、无力、肌肉持久酸痛等，说明运动量过大或者运动时动作不规范，需要好好休息和调整；运动后感到神清气爽、体力充沛、食欲增加、睡眠良好，说明运动量合理，锻炼效果优良。

此外，还要学会针对不同运动补充能量、合理作息。在运动前、中、后，结合运动项目的特点和自己的身体状态，及时地补充饮食，提供身体所需的能量。健康、有规律的运动有助于作息合理，睡眠良好。同时，合理的作息、良好的睡眠是提升运动能力、实现科学健身的基本保障。

● 全家一起养成运动习惯

通过运动收获健康，很重要的一点在于能否坚持运动。与其想方设法让孩子坚持运动，不如全家一起养成运动习惯，一起强身健体。

建议家长和孩子一起制订一份全家运动计划。运动项目可以多项，这样既能照顾到每个人的不同需求，又能增加多样性，在运动中可以有多种组合。比如这周六跑步和打羽毛球，下周日爬山和游泳。建议以周为单位来制订计划，每周有明确的目标，并且每周结束后最好有总结和调整，以便更准确地制订下一周的计划，如此循环。

建议让孩子来主持家庭运动计划的制订和管理工作。让孩子学会根据每个人的兴趣和能力来制订、落实、调整运动方案，并根据实际情况调整作息安排，合理定制家庭营养食谱。

了解常见传染病，积极预防

小鱼星期五放学回家后，没吃晚饭就呕吐，肚子疼。爸爸妈妈赶紧送小鱼去了医院，检查发现小鱼感染了诺如病毒。原来那天午饭后有位同学身体不舒服，吐了一地，后来得知那位同学感染了诺如病毒。小鱼是星期五的值日生，当时同学的呕吐物就是小鱼负责清理的，小鱼可能就是那时感染了病毒。

这个年龄段的孩子，已经具备了较好的判断力和行动力。为了自己和他人的健康，孩子需要了解常见传染病的基本知识，知道常见传染病有哪些，懂得阻断疾病传播的基本方法，保持健康文明的生活方式。

● **了解常见传染病**

家长可以带孩子一起了解常见的传染病，如麻疹、水痘、手足口病、流行性腮腺炎、肺结核、流行性乙型脑炎等。

跟孩子一起了解不同的传染病分别有哪些症状，由什么原因引起，什么样的人容易被感染，感染后有哪些症状，该怎么治疗，有没有后遗症，等等。

如果孩子有深入了解的兴趣，可以一起了解一下传染病在人类当中出现和存在的历史，对人类造成的影响及古今中外的医生是如何发现治疗方法的，等等。

● **了解预防传染病的一般方法**

结合生活实际，以孩子身边发生过或正在发生的传染病为例，让孩子了解预防传染病的一般方法。让孩子知道预防传染病的方式包括：隔离传染源、保护易感人群和切断传播途径。不仅要知道这几种方式，而且要知道从自己做起以及具体怎么做。

如果传染病正在流行，家长可以跟孩子一起探讨：怎么做可以防止被感染？哪些日常生活中的好习惯可以在一定程度上预防感染？日后自觉去养成那些有利于身体健康的好习惯。

安全使用居家用品

欢欢妈妈下班刚进屋，就闻到一股浓浓的怪味。原来，欢欢今天给家人做了晚餐。在加热馒头的时候，欢欢没有使用微波炉，而是想着"富有创意地加热一下"：把馒头装进塑料饭盒，放进炒菜后还热乎的铁锅里，加点水，然后打开燃气灶加热。这时有同学打来电话，欢欢就去接电话了。等欢欢再想起来加热馒头这件事的时候，就是闻到怪味的时候了……

对于小学高年级的孩子，要鼓励他们参与家务劳动，增强生活自理能力，培养责任感。如果之前孩子较少参与家务劳动，经验不足，那么，非常有必要让孩子学习如何安全地使用相关的居家用品。

● **熟悉居家用品的使用方法**

要让孩子熟悉家里的日常用品有哪些，平时都存放在什么位置，它们都有哪些功能，应该如何使用，等等。建议在日常生活中，找机会让孩子使用，让他们在实践的过程中熟悉、了解，耐心教给孩子正确的使用方法。

孩子通常喜欢操作各种工具，如果操作不当就可能出现各种事故。建议家长尽早教孩子学会熟练使用居家常见的工具，并且明确地让孩子知道使用不当可能会造成哪些后果，哪些是不可挽救的，哪些是可以挽救的以及怎么挽救。

还可以带孩子一起学习修理某些居家用品，以及妥善处理已经无法修复、不能继续使用的居家用品，培养生活技能。

● **重点了解一些注意事项**

要让孩子了解在使用居家用品的过程中可能存在的安全隐患。

比如，孩子需要清楚地知道在使用涉及水、电、燃气等能源的用品时，如果方法不当，会出现哪些危险，万一出现了危险该怎么处理。

再比如，要让孩子了解家庭中的化学品（比如管道疏通剂、油污净等）的用途及使用方法，强调使用不当会造成的后果，要求孩子不可大意，必须严格按照说明书上的方法使用。

强化身体防护技能

一天中午，鹏鹏妈妈接到老师的电话，请她马上去学校。妈妈急忙赶到学校，发现鹏鹏的脚腕受伤了，需要去医院治疗。原来午饭后休息时，鹏鹏在楼梯上跟几个同学追逐打闹，结果一不小心被撞倒了，从台阶上滚了下去……

这个阶段的孩子，身体已经非常强壮有力了，和伙伴一起玩耍时如果有肢体冲撞，很可能就会发生事故。家长需要帮助孩子强化人身安全防护意识，进一步学习身体防护技能，避免因肢体冲突带来伤害。

● 强化安全防护意识

孩子的安全防护意识形成于日常生活细节中。一般来说，从很小的时候起，家长就已经在引导孩子形成安全防护意识。到了这个年龄段，孩子通常已具备基本的安全防护意识，区别在于程度差异。那么，孩子的人身安全防护意识究竟怎么样呢？对这个问题，建议家长跟孩子开展一次较为深度的探讨和交流，并适当加以引导。

在交流过程中，家长可以举例子，以一些发生在同龄孩子身上的人身伤害事故为例，让孩子结合自己的实际行为习惯去分析、思考，看看是否需要调整自己的日常行为。

此外，家长还可以列举一些问题场景与孩子进行交流，了解孩子关于某些行为安全与否的判断力。比如,列举孩子与同伴日常不同程度的玩闹、各种比拼身体技能的行为(如在马路边追逐打闹,几个同学比赛从高处往下跳,攀爬正在施工中的建筑物,等等),看孩子对自己或他人的行为是否具有较好的判断力,是否能够清楚地判断某种行为安全与否,是否能预判某种行为可能带来的安全隐患。

● **学习更多安全防护技能**

能准确判断某种行为是否安全是前提,孩子还需要发展行为管理能力。比如,意识到不安全及时停止与人推搡、迅速与他人保持安全距离等。另外,还需要孩子具有基本的安全防护技能。建议结合具体场景,帮助孩子有针对性地学习提升。

家长可以根据孩子的身体特点(如强壮、瘦弱、动作敏捷、行动较迟缓等)以及个性特点(如冲动鲁莽、冷静理智、喜欢进攻、习惯退让等),预测孩子在不同场合中可能需要用到的安全防护技能,教孩子注意在什么情况下怎么保护身体安全,知道需要侧重保护身体的哪些部位,知道并学会用什么方法保护,等等。

以较为常见的踩踏事故为例,家长可以跟孩子一起探讨:哪些场合容易发生踩踏事故?引起事故的具体原因有哪些?事故造成的严重后果有哪些?在事故中引发人身伤亡的主要原因是什么?如何从拥挤的人群中脱身?万一在拥挤的人群中跌倒了怎么办……

很多时候,其实家长也需要学习。那么,与孩子一起学习,让孩子认识到人身安全防护意识和能力养成是伴随一生的。

抵制毒品诱惑

小明上六年级后,背着家长玩网络游戏并沉迷其中,经常趁家长不注意或者找各种机会溜出家门，偷偷跑到黑网吧去打游戏，还因此结交了一些比他大几岁的不良少年，一有机会就找他们玩。等家长发现小明身体不舒服，带去看医生时，才发现孩子已经染上了烟瘾，甚至学会了吸毒。

十一二岁的孩子有远离父母争取独立自主的倾向，也愿意交朋友，同时由于这一阶段大脑发展的特点，他们追求快感甚于保持克制和理智，行为上具有爱冒险、非理性的特点。所以，家长要多加关注，要求孩子守住一些行为底线，比如，不结交不良朋友、不吸烟、不喝酒及抵制毒品诱惑等。

● **帮助孩子学会行为管理**

这个阶段的孩子普遍反感成人的说教。道理他们都懂，但行动上做不到，同时，家长也无法时刻严密监控了。因此，从保护孩子身心健康的角度出发，与孩子沟通，在孩子理解并愿意做到的前提下，一起列一个行为管理清单，请孩子依据清单管理自己的行为。

一方面，在这份清单里，要求孩子不做损害身心健康的事，比如，抽烟、喝酒、吸毒、打架等。同时，需要规定孩子不能擅自进入哪些场所，比如酒吧、网吧、棋牌室等。如果无意中进入了，事后也必须及时告知家长。另外，还需要规定不能结交哪些朋友，和朋友一起不能去做哪些事……

另一方面，可以设置一些鼓励孩子去做的事。可以包括孩子感兴趣的、有能力做到的，也可以包括孩子不太熟悉但愿意尝试的，以及希望得到提高的一些事……主要依据孩子的个人意愿而定。

另外，让孩子学会管理自己的行为，除了让孩子明确自己能做什么、不能做什么外，还可以请孩子对自己的行为进行合理的评估，并自己设置奖励办法。比如，连续 20 天跑步锻炼，奖励自己看一部电影，让孩子对自己保持良好行为习惯进行自我肯定。

● **帮助孩子抵制毒品诱惑**

毒品通常以年轻人为投放目标，新一代的毒品通常伪装成青少年能接受的日常生活中的食品，如糖果、饼干、奶茶等，以"吃了很放松""能减压""让人很开心"等让人放下警戒心的说法，用朋友的身份传递，导致一些青少年通常在不知不觉中吸食了毒品。

所以，家长应当通过书籍、视频等资料，尽早给孩子科普有关毒品的知识。让孩子了解常见毒品的名称，了解毒品是怎么毒害人的，对个人和家庭会造成哪些危害，以及它们是怎么进入人群的，知道为什么每个国家都在禁毒，知道哪些不良生活行为习惯可能导致吸毒，懂得一些自我保护的常识和拒毒的方法……

让孩子从知识层面认识到毒品的危害，理解禁毒的意义，明白抵制毒品的必要性等，这些只是抵制毒品诱惑的基础。切忌以为毒品距离孩子很远，认为孩子只要懂点知识就安全了。为了让孩子真正能抵制毒品的诱惑，现在及将来都不会被毒害，建议家长还要深入了解青少年在什么情况下会被毒品诱惑，比如，了解一下戒毒所的青少年是怎么染上毒品的，从源头上进行预防。

一起打理家务

学会自己做简单饭菜

暑假到了，小豆奶奶最近身体不舒服，医生建议她多休息，少做家务。小豆的爸爸妈妈要上班，本来计划每天中午给小豆和奶奶点外卖，但是小豆想自己做饭，决定先从蛋炒饭做起。没想到小豆的蛋炒饭做得还真不错，他和奶奶吃了几天蛋炒饭以后，准备试试自己做点其他菜了，比如西红柿炒蛋……

随着年龄的增长、能力的增强，五六年级的孩子已经表现得有点像"小大人"了。对于厨房里的家务，之前只能让他们帮忙洗菜、择菜，做些辅助性的工作，或者在家人的陪伴下做点简单的饭菜，现在建议家长鼓励他们学习自己做饭。比如，能根据家人的需求设计一顿午餐或晚餐，完整地做两三道菜。这样做不仅能够进一步增强孩子的生活自理能力，还能培养孩子的家庭责任感。

● **了解常见的炊具及其使用方法**

如果孩子之前对炊具了解不够，那么现在可以在实践过程中，进一步了解常见的炊具，比如燃气灶、电饭锅、烤箱……

进一步学习巩固常见炊具的使用方法。比如，使用菜刀时，要拿稳，切的时候不要用力过猛；使用燃气灶时，随时注意燃烧情况，按实际需要调节火焰，不随意离开，以免汤水溢出或者烧焦食物等；知晓不同的锅有不同的使用场景和注意事项。如铁锅一般用来炒菜，不宜把油锅烧得过热；不粘锅不宜用于高温煎炸，炒菜时不要用铁铲子，以防破坏锅的不粘涂层；砂锅一般用来炖菜或熬汤……

● **学习基本的烹饪方法**

家长可以帮助孩子了解烹饪的意义、中餐烹饪的不同方法，以及不同烹饪方法与食物营养的关系。

烹饪过程除了可以消灭病原体，减少生物性危害以外，还可以增加食物的色香味，使食物变得更有营养，更易消化。不过，食物在烹饪过程中可能会形成一些对健康有害的物质，需要注意避免。

对于五六年级的孩子，可以让他们了解炒、煎、炖这三种最基础的烹饪方法，了解一些常见食物的适宜烹饪方法以及禁忌。比如，蔬菜宜急火快炒，因为在 80℃以上、快速烹调的条件下，蔬菜营养素损失较少；烹调肉类时不宜过早放盐……

● 学做简单饭菜

　　家长可以在厨房边示范边和孩子一起熟悉做菜的基本过程——择菜、洗菜、切菜、烧菜、装盘。如果孩子之前并不熟悉做饭这件事，那么不要忽略或小瞧每一个流程，避免出现"没有洗的菜直接下锅"之类的闹剧。可以先从简单的菜品开始学起，比如西红柿炒蛋、煎蛋、炖骨头汤等。

　　除了弄清做菜的基本过程，还需要让孩子掌握基础调料的一般用法。比如，盐是最基本的调味料，用盐最常出现的问题就是用多或用少了，新手做菜时建议少量多次添加，多试试味道；糖的作用不仅是调味，还可以增加黏稠度，润滑口感，有助于收汁，很多菜品都是可以适量放糖的；酱油是一种增加咸味的调料，可以调节食物口味，还可以改变食物色泽；除了醋之外，柠檬也是常见的增酸调料，而且风味更加独特……先学会一些基础调料的用法，其他的可以在实际做菜的过程中慢慢了解。

用知识解决生活中的简单问题

　　毛毛妈妈最近对养花种草很有兴趣，弄回了不少植物，包括一些多肉植物。有一天早晨，毛毛妈妈又开始给植物浇水，毛毛提醒妈妈不要给多肉浇水了，因为科学课上学过，多肉植物不喜欢太多水，老浇水会造成多肉植物死亡。毛毛妈妈上网一查，发现还真是这么回事，赶紧谢谢毛毛的提醒……

　　如果知识能够运用在生活实践中，会体现出更高的价值，也会让孩子对学习新知识产生更大的兴趣。实际上，在家庭生活中有许多能够运用到孩子所学知识的机会，所以家长们要善于抓住契机，让孩子发挥所学。比如，我们可以先从以下几个方面做起来。

● **运用知识做好种植与饲养**

教育部 2022 年新版的《义务教育劳动课程标准》中提出："5~6 年级的学生应能种植与养护 1~2 种当地常见的蔬菜、盆栽花草、果树等，或根据区域相关规定，合法合规饲养 1~2 种常见家畜，如兔、羊等。体验简单的种植、饲养等生产劳动，初步学习种植、饲养的基本方法。"

生活中，大多数家庭都会在家里养些植物来美化环境，还有很多家庭会养宠物。孩子天生对动植物充满好奇与兴趣，如果之前照顾的责任大多在家长身上，那么现在家长完全可以分配任务给孩子，并要求保质保量地完成。

孩子可以运用在学校科学课上学到的知识来帮助完成种植、饲养任务。比如，知道植物的生长条件包括阳光、水、土壤等，懂得给一些花挑选阳光好的位置。但他们也需要懂得，已有知识在实际运用时可能并不够用。比如，不同的植物有不同的特性，有的喜阳，有的喜阴。再比如，花盆里为什么会出现蚂蚁？怎么解决……这就需要孩子去查找资料，获得新知识，再尝试用新知识解决问题。

● **运用知识让生活更便利**

对于小学高年级的孩子来说，家长更需要鼓励他们遇到问题时积极思考解决问题的办法。在生活自理方面，就有很多需要运用知识来解决的问题。

比如，着急穿校服，但校服还没有干，如何快速让衣服干燥呢？这时候孩子可能会想到有关"热""蒸发"的知识。鼓励孩子寻找能够帮助他们的工具，多多尝试。孩子可能会拿来吹风机一顿猛吹，也可能想到打开空调热风吹干，或者想起来用熨斗烫，等等。只要孩子想到了办法，就可以鼓励他们大胆地去实践，在实践的过程中家长再给予指导。

一方面是积极运用知识解决问题，另一方面是思考某个解决办法背后的知识、原理，反过来促进知识提升。比如，衣服不小心沾上了油渍，该如何清洗干净呢？孩子可能会把家里的洗衣粉、洗衣液、肥皂、洗洁精等清洁用品都试一遍，然后发现洗洁精清理油渍的效果更好。这时候，提示孩子回忆一下学校里讲过的水、油、洗洁精三者之间的关系，也许他就能明白洗洁精可以去油的原理。

● **运用数学知识管理零花钱**

鼓励孩子学一些理财知识，自己管理零花钱，就是在生活中运用数学的一种方式。

比如，家长可以给孩子一笔零花钱作为资产，以两个月为期限，让他们合理分配这笔钱，一部分用于开销，一部分在银行存储或购买理财产品，两个月后保证资产在某个数值以上。如何分配？这其实就是一个数学计算的过程。孩子需要预估自己的开销，需要用利率、收益率等知识来计算。比如，在计算活期存款与定期存款的收益时，就需要把各种条件、数据提炼出来，转化成数学题目的题干，再解题得到答案。此外，顺便提醒孩子，当理财产品收益过高时（此处往往会用到百分数的知识），尤其需要谨慎，其中有很多风险是我们无法控制的。

● **运用所学知识助力健康饮食**

孩子可以运用所学知识帮助自己吃得更健康。比如，选择健康食品。五六年级的孩子识字量、知识面已经很不错了。在这个年龄，除了让他们购买食品时注意看生产日期和保质期之外，还可以鼓励他们查看食品（尤其是零食）的配料表，再运用有关知识，判断该食品是否健康。一般而言，孩子是可以适量吃一些零食的，但需要有选择地吃。这个年龄的孩子已经很有主见了，如果他们自己能研究配料表，会对他们正确管理自己的饮食行为有帮助。

除了了解怎样吃更健康以外，一旦出现问题还能够运用所学习到的常识来尝试解决。比如，一旦发生了食物中毒现象，孩子知道拨打 120 就医是最好的解决办法，不要自行服药。如果无法尽快就医，可以采取一些急救措施，比如催吐。

学会照顾生病的家人

周末，洋洋奶奶重感冒了，很虚弱。家里就洋洋和奶奶两个人，爸爸妈妈都在外地出差，一时没法赶回来。洋洋自告奋勇地承担了照顾奶奶的任务，按爸爸妈妈的提示按时给奶奶吃药、喝水，给奶奶煮粥，还把作业拿到奶奶房间做，陪着奶奶……病好后的奶奶逢人就说自己的孙子真是长大了。

孩子们小时候在幼儿园里经常会玩娃娃家游戏，喜欢当医生、当厨师、当服务员等，都是为他人服务的角色，实际生活中似乎孩子又比较晚熟，尤其在城市里，真正在家里承担一定家务工作的孩子并不多。但实际上，这个年龄的孩子有能力承担一些家里的事情。比如，家人生病的时候，可以让孩子学着帮忙照顾，这样孩子既帮助了家人，培养了家庭责任感，又能增添生活常识。

● 学习照料病人的生活起居

如果家里有人生病，日常最重要的就是照顾好病人的生活起居。完成这样的任务，是这个年龄段的孩子力所能及的，可以请他们帮忙。

按时为病人准备药物。如果是汤药，需要注意等温度适中了再端给病人。如果是西药，可以提前帮病人看好药品说明书，了解一天吃几次，一次吃几粒，并准备温水。

帮助准备清淡的饮食。足够的营养摄入，有利于病人身体恢复。但一般病人都不宜吃刺激性食物，所以可以单独做一些清淡的食物给病人。

让病人多休息，保证睡眠。一般来讲，充足的睡眠对病人也很重要。如果病人能睡着，那就帮忙保证安静的环境，让病人踏实睡觉。

知道紧急情况的应对方法。比如，清楚药品放在哪里以及如何给病人服用，知道可以向哪些亲戚朋友求助，知道什么情况下需要打急救电话……这些事情需要提前让孩子知道，有备无患。

● **恰当地陪伴，照顾病人情绪**

人在生病期间，情绪可能不佳，所以要教孩子学会体谅病人的一些坏脾气。有可能的话，多和病人聊聊天，帮助他们排解不良情绪。另外，帮助病人走出房子或在阳台晒晒太阳，看看风景，也会让病人心情变得好一些。

成年人生病后会变得没有以前那么强大，在一定程度上会拉近与孩子的距离。这时候孩子和他们聊聊自己生活中的趣事，一起看看自己喜欢的书、影视作品，或者一起打一打游戏等，可以舒缓他们因生病而产生的焦虑、烦躁的情绪。

● **保持良好的家居环境**

首先，要做好卫生和消毒。家里要勤通风，每天坚持把房间打扫干净。作为陪护人，要勤洗手，注重个人卫生。同时，帮助病人做好个人清洁。

其次，试着把家里装饰得更温馨。比如，买一些鲜花放在房间里，花的美丽和香味往往会使人心情愉快，有助于病人舒缓情绪。

一起恰当使用媒介

学会一些编辑技能，尝试创作

　　豆丁对国际新闻特别感兴趣，于是爸爸请朋友帮忙带豆丁去报社参观。这是豆丁第一次进入媒体机构，他看哪儿都是新鲜的，心情既兴奋又激动。看着忙碌的新闻工作者们，豆丁暗暗下决心，长大也要为祖国的传媒事业做一份贡献。爸爸的朋友告诉豆丁，其实像他这么大的孩子已经可以开始学一些简单的文字编辑、图片编辑和音视频编辑了……

　　在小学高年级阶段，孩子一般已经对各种媒介都有了一些了解，可以鼓励他们进行一定程度的媒介实践了。比如，创作或编辑作品来表达自己的想法。不必要求过高，孩子愿意尝试，能完成一定的作品，就是不错的开端。

● 编辑文字

　　在媒体行业，无论是传统媒体还是新媒体，都有文字编辑这个岗位。文字编辑工作很广泛，除了编辑文字外，可能还会涉及选题策划和编辑计划的确定、资料整理、与记者或作者保持良好的联系、收集读者反馈等工作。

　　不过，文字编辑的核心工作仍是编辑文字，具体包括对各种稿件、资料进行整理、修改和润色；校对、审核文稿；根据不同媒介类型安排文稿的版面设计等。

　　目前，大家主要使用 MS Word 或者 WPS 这两种软件来编辑文字。一般而言，小学高年级的孩子通过在校学习已经了解这类办公软件的使用方法，能够用键盘打字，知晓删除键、回车键等功能性按键，也能完成"复制""粘贴"等任务。家长可以告诉孩子在编辑文字的时候可采用"修订"模式，以便留下修改痕迹。还可以教他们利用 MS Word 或者 WPS 文字软件来处理基本的格式修订和版面设置。

　　关于编辑文字，最基本要求包括没有错字、没有漏字、语句通顺、结构合理、格式规范等。也许孩子现在还达不到较高的要求，但也要做到有责任心，有耐心，细致地完成编辑和审核。

● 编辑图片

　　日常我们看到的文章往往包含着丰富的视觉元素，除了文字之外，还有图片、图表等，这些元素相互配合、有机统一。媒体机构的美术编辑负责图片的处理以及专业的排版工作。其中，编辑图片是最基础但很重要的工作，孩子可以尝试使用电脑或者手机软件学习图片处理。

　　电脑系统通常自带画图软件，能够实现剪裁图片、调整大小、添加文本框等基础编辑功能。复杂一点的图片处理可以使用 Photoshop 软件，除了基础编辑功能之外，它还可以实现图像合成、校色调色、特效制作等。

　　智能手机的相册一般自带编辑功能，不仅可以实现剪裁图片、调整大小和添加文本框等，还有多个可选择的滤镜，也可以手动调节图片的色彩饱和度、曝光度、亮度、对比度等，甚至还能实现照片局部放大、去红眼等功能。

手机应用商店里也有很多修图软件，这些软件有着比手机相册更多、更强大的功能。

如果要尝试报刊或者图书这些更为复杂的排版，可以使用 InDesign 等专业排版软件。

● **剪辑音视频**

广播电台、电视台、视频网站、播客平台、短视频平台等媒体机构的传播内容主要是音频或视频。它们通过视觉、听觉方式与受众连接，因此通常被称为视听媒体。

这些媒体每天产生着大量内容，重塑着人们生活的环境。尤其是智能手机等移动终端的普及，让孩子也在不知不觉中接触到了更多的音视频内容。在这样的大环境下，可以让孩子去了解和学习一些音视频制作的基础知识。

音视频制作简单来说可以分为前期拍摄和后期剪辑两部分。

视频拍摄设备可以是智能手机也可以是数码相机、专业摄像机等，音频的录制可以使用手机、录音笔或者专业录音设备甚至录音棚等。

后期剪辑需要相关电脑软件或者手机应用完成。电脑端常用的视频剪辑软件有 Premiere、Final Cut 等，手机端常用的应用有剪映、快影等。音频剪辑软件常用的有 Audition 等。此类音视频剪辑软件使用原理相似，都是通过建立项目、导入素材、素材剪切与组合、增加特效、导出成片等步骤完成基础阶段的剪辑。专业级别的剪辑还需要使用 After Effect 等视觉特效软件来增加影片质感。

目前来看，智能手机是最方便的音视频制作设备，家长可以辅助孩子一起练习用手机拍摄视频，用相关手机应用剪辑视频。

了解媒介受众的不同利益和诉求

每周五晚上是尚尚可以看电视的时间。上周五，尚尚先陪姥爷看了新闻节目，之后跟着爸爸看了会儿体育频道的篮球比赛。8点到了，妈妈和姥姥看了一集电视剧，后来又转到综合频道，全家一起观看了《中国诗词大会》。

新媒体时代，人人都可能成为媒体人，因此建议引导孩子了解一些有关媒介受众的常识。

小学高年级阶段的孩子对各种社会角色有了更为清晰的认知，他们知道社会是由无数个人和人的群体组成的。通过媒介的使用，我们可以引导孩子进一步理解：作为潜在的媒介受众，不同的人群有着不同的特点和立场，利益和诉求也各异，媒介需要照顾和协调不同群体和个体的利益。

● 引导孩子理解媒介受众及分类

给孩子普及一些关于媒介受众的知识。比如，可以运用不同的标准给媒介受众分类。我们常常使用人口统计学的标准：年龄、性别、文化程度、职业、收入等。不同群体的特点是媒介内容和形式设计的重要依据。

以电视为例，各级电视台的儿童频道或者动画频道为孩子们开设，考虑的是年龄要素；体育频道或者高尔夫球频道大部分的观众是男性，所以考虑更多的是性别要素……每个节目也有受众定位，比如《中国诗词大会》就是一档老少皆宜的电视节目。

理解了媒介受众及分类，知道不同群体在使用媒介时有不同需求，就能理解媒介需要充分考虑不同群体的利益。

● 理解媒介如何兼顾不同群体的利益

我们可以找一些媒介，和孩子一起研究、分析，看看这些媒介是如何兼顾不同群体的利益的。

比如，媒介会照顾不同群体的共性利益。一般来说，媒介的普遍性功能包含提供资讯、教育和娱乐等。这些功能是普遍适用的，不论什么年龄阶段、什么性别、什么文化程度等，都需要媒体去实现这些功能。以提供资讯为例，不同年龄阶段的受众都想知道国内外发生的新闻时事，都想了解热点事件的最新进展，所以电视台会开设新闻频道来主要实现这一功能。

除了共性利益之外，媒介也需要考虑不同受众群体之间的差异性，分别照顾不同群体的诉求。比如，很多老年人喜欢听戏唱曲，所以电视台开设了戏曲频道去满足老年人的需求。

可以引导孩子留意新媒体的受众分类更加细致，大家喜欢用"圈层"来形容不同的受众群体。比如，喜欢烹饪的人，可以找到各种手机应用来学做美食；喜欢研究穿搭的时尚达人，可以通过新媒体找到适合不同年龄、不同性别、不同职业的穿搭技巧；喜欢玩具的孩子，可以看到各种玩具演示的视频……

学会自己控制网络使用时间

果果妈妈发现果果最近似乎非常沉迷于网络。比如，有时候果果需要用手机查资料，但查完之后就开始玩了，要么跟同学聊聊天，要么刷刷小视频，要么逛购物网站看玩具、饰品，要么打会儿小游戏……因为妈妈并不是很喜欢玩手机，所以她很困惑，网络世界真的那么有趣吗？该怎么帮果果合理使用网络呢？

网络已经渗透到生活中的各个角落，对我们来说有利有弊。我们不应把网络视为洪水猛兽，而是要引导孩子合理使用网络，自觉控制使用时间，保持与真实世界的连接。

● 一起制定上网守则

我们很难杜绝孩子使用网络，所以不如多看互联网带来的好处：网络让社交空间变得无限大，让社交方式变得多种多样；提高了学习的便利性，强大的搜索引擎、丰富的资源能够让孩子随时获取想要的资讯；也提供了更多休闲方式……只不过，我们需要帮助孩子控制网络使用时间，以及注意安全使用网络。

首先，需要跟孩子商定使用时间。比如，每日完成学习任务以后，可以使用手机 10 分钟。家长可以酌情允许孩子"储蓄时间"。除了使用时间以外，家长需要继续跟孩子强调网络使用规则，让孩子懂得保护自身的安全。可以参考以下内容制定上网守则：

⊙ 我不会上任何家长不赞成我登录的网站。

⊙ 我不会和任何人分享我的密码（除了家长）。

⊙ 我不会在网上对任何人做出刻薄或残忍的行为，即使别人以这种方式对我。

⊙ 如果我在网上被别人激怒，我会在说出或做出任何事情之前让自己冷静下来。

⊙ 在未经他人允许的情况下，我不会在网上分享任何属于别人的东西。

⊙ 除非得到家长的许可，否则我不会在网上买东西。

⊙ 我不会分享任何个人信息，比如我的年龄、我住的地方、我上学的地方等。

● 帮助孩子保持与真实世界的连接

当孩子沉迷于网络时，我们首先需要主动走进孩子的生活，找到孩子频繁使用网络的原因。其中一个原因很可能是他与真实世界"失联"了。比如，可能是现实中同伴关系的影响。如果孩子被同伴冷落、孤立，可能会通过上网来麻痹自己。这时候我们就需要给予支持，帮助孩子在现实中获得友谊。

帮助孩子保持与真实世界的连接，很重要的一点就是要协助孩子安排出丰富多彩的休闲生活，培养健康情趣。比如，和孩子一起看电影，一起运动，一起去博物馆，等等。当父母和孩子一起共享有意义、多元化的休闲生活时，孩子会感受到与网络中不同的乐趣，自然就可以减少对网络的依赖。另外，如果能鼓励孩子和朋友一起进行一些有意义的活动，效果可能更佳。

一起感受美、创造美

学习欣赏多元的美

星期一，深深和遥遥两个好朋友在学校见面了，他们分享了各自周末的生活。遥遥说自己周末去美术馆看了画展，觉得特别有意思，那些大画家画得太棒了。遥遥还给深深看了她在现场临摹的一幅画。深深也喜欢画画，他看了遥遥画的画，非常羡慕……回到家，深深就央求妈妈也带他去美术馆看画展。

到了小学高年级，孩子对事物的理解力有了进一步提高，能够更好地理解各类艺术作品。家长要给孩子创造机会接触更多形式、风格的艺术作品，拓展孩子的眼界，提高孩子的审美能力。不过，家长需要注意激发孩子的兴趣，不能强求，否则可能适得其反。对于孩子比较感兴趣的，可以多接触，让兴趣引领孩子去发现更多、了解更多，进而创造更多。

下面列举一些常见的艺术形式，家长可以根据孩子的兴趣和喜好，酌情选择，和孩子一起欣赏。

● **视觉艺术欣赏**

绘画。通过看展览和相关书籍，带孩子了解古今中外不同时期不同种类的绘画作品，比如中国古典的水墨画、古代壁画、民间传统年画；欧洲不同年代不同风格流派的油画、版画；现代艺术家的作品；等等。在北京，中国美术馆、中华世纪坛、今日美术馆、北京画院美术馆等，都经常有各种展览。家长可以留意这些场馆的网站或微信公众号的公告，挑选合适的展览带孩子去观看。当孩子有一定的积累后，可以引导他做一些有趣的比较。比如，对比中国国画中的水墨山水和欧洲的印象派风景，对比中国画中笔法细腻的工笔人物和欧洲油画中惟妙惟肖的肖像画，对比国画中的大写意和西方的抽象派，等等，激发孩子更多地思考。

摄影。相较于绘画，摄影艺术的历史就短得多了。随着技术的迅速发展，现在的孩子拿起手机就可以拍照，但要拍得好，还是需要一定功力的。摄影是光和影的艺术，好的作品既要有好的主题和拍摄内容，更要能很好地把握构图、光线和色调等多方面因素。让孩子多欣赏优秀的摄影作品，他会更容易理解摄影这件事。现在网上有大量的摄影作品，非常方便孩子观摩，而线下高水平的摄影展更具视觉震撼力。欣赏高水平的摄影作品不仅能让孩子得到美的享受，也会让孩子大开眼界，对摄影艺术产生新的理解。另外，摄影的种类很多，根据拍摄对象不同，有风景、静物、人物摄影等；根据拍摄手法不同，有纪实、新闻、写意等。引导孩子了解各种拍摄方式，有助于孩子更好地欣赏和理解照片表达的内容和情感。

建筑。生活在北京的孩子有着得天独厚的优势。这里有气势恢宏的故宫、长城，有幽静的胡同和四合院，有美轮美奂的颐和园、北海、天坛等皇家园林，有雍和宫、白云观、潭柘寺、天主教堂、清真寺等各式宗教建筑，也有坐落于 CBD 中心区和金融街充满现代气息的高楼大厦，还有像 798 艺术区、首钢园区这样强劲工业风的艺术园区以及各种风格独特的美术馆、歌剧院，等等。带孩子游览、观赏这些建筑，欣赏它们不同的风格、不同的结构、不同的色彩搭配、不同的装饰等，就是很好的欣赏美的机会。另外，在带孩子外出旅游的时候，也可以引导孩子关注当地不同的建筑，比如，陕北人家的窑洞、土家族的吊脚楼、福建的土楼等。让孩子思考：为什么不同地方的民居有那么大的差别？为什么不同宗教的建筑风格迥异……

雕塑。对孩子来说，雕塑并不陌生。小时候玩橡皮泥、超轻黏土、软陶，用沙土堆城堡，用泥巴捏小人儿，都属于最初级的雕塑。人民英雄纪念碑上的浮雕、天安门前的华表、卢沟桥上的狮子、美国的自由女神像、断臂维纳斯、大卫雕像等，可能都是孩子们熟知的经典雕塑作品。要想集中观赏雕塑作品，家长可以带孩子去北京雕塑公园，这里收藏了来自世界几十个国家和地区的优秀雕塑作品，798 艺术区里也有很多风格独特的雕塑作品。另外，在中国工艺美术馆和工艺美术商店可以看到木雕、玉雕以及用金银雕出的工艺品，还有一些地方有沙雕、冰雕等，有机会都可以和孩子一起去看看。

● **声音艺术欣赏**

到了这个年龄段，孩子对音乐可能有了一定的鉴赏力，家长可以引导孩子欣赏较复杂的音乐，体会更丰富的感受。比如，不少孩子都学过演奏某种乐器，现在他们对该乐器及其演奏技巧已经有了更多的认识，在欣赏该乐器演奏的音乐时也会有更多的理解。再比如，在大型乐团的演奏中，体会不同乐器的音色以及它们给人带来的不同感受、同一个乐器在不同类型音乐（如协奏曲、交响曲）中不同的作用等。

如果孩子学了某种乐器的演奏或者喜欢唱歌，可以鼓励孩子参加学校的合唱团、乐团，在练习、演出的过程中更深地体会各种乐器是怎样合作完成一部乐曲，不同声部是怎样合成一首美妙的歌曲的——这些是在一个人独奏、独唱时体会不到的。

有机会可以多和孩子一起听音乐会、演唱会，现场感受音乐带来的震撼，享受音乐的美好。像中山音乐堂、北京音乐厅这些地方经常有高水平的演出。

● **舞蹈艺术欣赏**

舞蹈是人体动作的艺术。舞蹈的种类非常多，它们的起源、表现形式各不相同，但都是通过身体的动作和造型来表达感情。民族舞、芭蕾舞、踢踏舞、拉丁舞、街舞、秧歌……异彩纷呈，千差万别。感兴趣的话，带孩子一起观看舞蹈表演，欣赏演员精湛的舞蹈技艺，体会舞蹈表达的情感。

观看表演之余，鼓励孩子参与舞蹈活动，尝试用身体动作表达自己的情感。对于小一些的孩子，建议他们从理解音乐的角度，随着音乐进行舞动。可以让孩子从表达自己的情感出发，去选择舞蹈形式以及适当的音乐。比如，心情好的时候可以选择一些舒缓优美或者欢快的音乐，用舒展或有节奏的、轻快的动作舞蹈；心里烦闷的时候，可以选择有力度的音乐，用一些夸张的、有爆发力的动作发泄自己的情绪；等等。

这个年龄段的孩子可能开始关注自己的身材，和孩子讨论什么样的身材是好的，告诉孩子过胖或者过瘦的危害。舞蹈演员为了艺术表现的需要，对自己的身材有严苛的要求。家长要引导孩子正确看待，让他对健康身材有正确的理解。

欣赏文学、影视、戏剧作品

妈妈给小宇买了一套获得过国际大奖的儿童文学作品，小宇非常喜欢看。这天妈妈见他一边看一边笑出了声，就问他："看什么呢，这么开心？"小宇就眉飞色舞地给妈妈讲了起来。后来，小宇每看完一本好看的书，就讲给妈妈听。过了些日子，小宇给妈妈看一个自己写的故事，妈妈读了读，发现小宇写得还挺有意思的，字里行间明显受到了之前读的那些书的影响……

优质的文学、影视、戏剧作品可以给孩子带来很多积极影响，能够滋养孩子的精神世界。生活中，建议家长多多鼓励、陪伴孩子欣赏文学、影视、戏剧作品。

● 欣赏文学作品

文学作品有很多形式和类型，父母可以观察孩子的喜好，再推荐一些适合孩子的作品给他，也可以让孩子讲讲自己喜欢的作品。多听听孩子的看法，在交流中引导他分析作品中的人物和情节：这个人物有什么特点？为什么喜欢他？为什么不喜欢他？如果某个人物不出现，故事可能会发生什么变化？作品中哪些情节、哪些描述特别精彩？为什么这个故事能引人入胜……鼓励孩子思考，对孩子的见解表示赞赏。如果孩子喜欢创作文学作品，要积极鼓励，赞赏其中的亮点，以商讨的口气给出适当的改进建议，保护孩子的创作热情。如果孩子写出了较好的作品，可以帮孩子寻找发表的机会，这对他也有很好的激励作用。

● 欣赏影视作品

观看影视作品时，除了关注人物、情节以及演员的表演，还可以引导孩子关注更多的细节，如画面、服装道具、配乐和插曲等，和孩子交流彼此的观点。比如，孩子们熟悉的《西游记》，有动画片、电视剧和电影等多个版本，可以问问孩子更喜欢哪个版本，理由是什么。如果家长对影视作品涉及的年代、地点和制作背景等比较了解，也可以和孩子分享，让他能更好地理解作品，收获更多。

● **欣赏戏剧作品**

戏剧包括话剧、歌剧、舞剧及京剧、昆曲等多种多样的地方戏曲。有机会可以带孩子一起观赏这些丰富多彩的戏剧形式，感受它们各自的魅力。北京的演出资源非常丰富，比如保利剧院、首都剧场、天桥艺术中心、国家大剧院、二七剧场、北展剧场、梅兰芳大剧院、长安大戏院、吉祥大戏院、天桥剧场等，经常有各类演出。如果学校有戏剧相关活动，可以鼓励孩子积极参与，参与的过程就是了解、感受这些艺术形式的过程。

思考装扮得宜问题

航航是个足球迷，最爱看足球比赛。最近他发现自己喜欢的球星都有文身，觉得非常酷，很希望自己也能那样。奶奶一听就急了，她说有文身的都不是好人。航航不服气，因为他觉得那些球星并不是坏人……

到了这个阶段，孩子会更多地关注自己的身体，可能会想到用一些方法改变自己身体的样子，让自己看起来更漂亮或者更有个性、更酷。他们可能会希望通过这些改变让自己更被人关注、更被人接受或能和别人更好地相处。他们想到的方法可能包括通过运动健身、节食等来改变身材，通过化妆、美甲、换发型、戴首饰等让自己更漂亮，也可能想尝试文身……

● **发现孩子的深层需求**

当孩子有这些想法的时候，家长要好好和孩子沟通一下，看看他的深层需求是什么。

如果他是想得到更多关注，那么是不是家长平时对他关注不够，或者他认为自己在学校表现不突出，不被老师和同学重视……家长要先明确原因，然后想出相应的对策，帮助孩子增强安全感和自信心。

如果孩子只是单纯地觉得文身好看、好玩或者酷，可以在不影响健康的前提下，让孩子适当尝试一下。有时候可能需要用到变通的方式，比如用文身贴代替文身。

如果孩子对化妆、服饰、造型等非常感兴趣，家长不能简单粗暴地将其定义为不务正业，或许他真的是未来从事艺术和时尚行业的苗子呢。家长可以和他一起探讨多元审美和流行文化等话题，并且最好能寻求一些专业的指导，避免孩子走弯路。比如，阅读专业书籍、文章或请教专业人士。

● **关于文身**

文身现在可以算是一种身体艺术，也是人们自我表达的一种方式。我们身边可能有很多文身的人，比如，明星运动员、演员、健身教练、美发师，甚至亲朋好友，所以一些孩子对文身感兴趣也很正常。不同人文身的原因是不同的。家长如果发现孩子对文身感兴趣，首先要了解他内心的需求，同时告诉孩子要等到成年以后才可以考虑文身。可以跟孩子沟通以下几个方面：

第一，文身的过程要刺破皮肤，不仅会产生一定的痛感，还有皮肤感染等健康风险。孩子年龄小，免疫系统不完善，风险就更大。

第二，孩子正在生长发育过程中，随着身体的生长，文身也会随着变化。而孩子的喜好也会随着年龄增长、知识阅历的增加而发生变化，但做好的文身，很难去除。清洗文身不仅费钱费力，还很难让皮肤恢复到原来的样子。

第三，有一些工作是不允许从业者文身的。在并不能确定将来要从事什么样的工作时，最好不要盲目文身，以免影响未来的工作选择。

我们不赞成未成年人文身，但有一些伤害小、非永久的方式，可以在假期里让孩子试试。比如，可清洗的、保持时间较短的身体彩绘，模仿文身的贴纸，等等。

● **关于打耳洞**

打耳洞通常都是为了能够戴耳钉、耳环。如果孩子有打耳洞的想法，家长要和他耐心沟通：一是打耳洞有一定的疼痛感，也有感染的风险；二是新打的耳洞不佩戴耳钉或耳环就会长回去，而中小学生是不允许戴耳钉、耳环的。所以，中学毕业之前不适合打耳洞。可以试一试粘贴式或夹子式的耳饰。

● **关于戴美瞳**

和文身、打耳洞比起来，美瞳似乎是无创的。但我们需要知道，美瞳对眼睛是会有伤害的。比如，可能造成感染性伤害、加重或导致干眼症、损伤角膜等。需要告诉孩子，爱美不能以健康为代价。眼睛非常娇嫩，如果眼睛受伤了，生活将受到严重影响。

● **关于做美甲**

关于美甲问题，在前面的章节已经提到过，这里再强调一下。美甲看起来对身体没有什么明显的伤害，但美甲产品大都含有对健康有害的成分，美甲的过程也会对指甲有损伤，所以儿童不适合做美甲。要耐心给孩子说明这一点。可以允许孩子偶尔试试不干胶指甲贴。

支持孩子学习

合理设置学习目标

一天，爸爸坐在沙发上与五年级的小普聊天："小普，你这学期的目标是什么？"小普得意地开始讲："我的目标是成为一个宇航员，宇航员需要有强壮的身体素质，要能适应失重的状态，所以我现在每天都在练习单杠和倒立！我相信我的目标肯定能实现。"爸爸点点头，但接着问："那关于学习方面的目标呢？"小普眨了眨眼睛，轻描淡写地回答："当然是各门功课考一百分啦！"爸爸看着小普，陷入了沉思。

对于小学高年级阶段的孩子来说，他们需要了解梦想和目标的区别，能够为自己的学习设立合理的目标，并能将大目标拆解成小目标，再将小目标转化为行动的计划，在执行的过程中不断监测自己的状态，再根据具体情况做出相应的计划调整。

● **区分梦想和目标**

　　家长应引导孩子理解梦想和目标之间的区别和联系。梦想代表着对未来美好事物的想象和希望，是心中向往的事情，它可能具有虚幻性，与现实有一定的差距，例如有的孩子的梦想是遨游太空；而目标是以现在的能力为基础，通过努力可以实现的想法，目标一般是具体的、有期限的，会产生结果，例如某同学的近期目标是 5 天内背完第一单元的单词。

　　可以引导孩子通过电影或阅读了解一些名人名家曾经的梦想是什么，他们又是如何将梦想转变为可实现的目标，一步步去实现的。

　　另一方面，目标也分为长期目标和短期目标。需要将长期目标分解为若干个短期小目标，逐一实现，慢慢去靠近自己的长期目标。像在马拉松比赛的时候，选手往往会把全程分为几个小段，一段一段去完成。

● **合理设置目标**

　　既然目标是可以实现，可以获得最终结果的，那么该如何合理地设置自己的目标呢？我们可以教孩子设定目标的"SMART 原则"。

　　⊙ 目标需要是具体的（Specific），不能是模糊的。比如，"我要学习成绩优异"这样的目标就不够具体。

　　⊙ 目标需要是可衡量的（Measurable）。例如，"我上次数学考了 90 分，这次我要提高 5 分"就是一个可衡量的目标。

　　⊙ 目标应该是可实现的（Achievable），不能虚无缥缈。如果某同学成绩比较差，一直在及格线上徘徊，一下子就设定每门功课 100 分的目标，那就很难实现。

　　⊙ 目标要和进步相关（Relevant）。如果某同学的目标是天天喝可乐，这个目标就和进步无关。

　　⊙ 目标需要有完成的时间点（Timely）。比如，一个月之内将某本书看完。

可以请孩子做一张"SMART 原则"挂图，并根据该原则，设置自己的目标，写在挂图上，再将这张图挂在书桌前提醒自己。

● **监测执行情况，适当调节**

利用目标的"SMART 原则"，我们就可以确定自己现阶段的目标了。例如，这次假期，孩子的目标是阅读 5 本书，这个目标具体、可衡量、可实现，也与进步相关，还规定了截止时间，就是一个很不错的目标。

目标一旦确立，就要制订计划，分步进行。制订计划的方法在上一个年龄段中有所提及。另外，认真执行计划，才能推进目标顺利完成。在此过程中，要不断监测自己的情况，根据具体情况进行调节，使自己能够按时完成计划，达成目标。

学习"用数据说话"

久瑜和东辰是好朋友，经常一起玩耍，一起学习。这天，两个小伙伴吵了起来。原来，他们在讨论"北京市气候变暖"的问题。久瑜认为今年夏天大部分时间都比往年凉快，因此气候没有变暖，而东辰持不同观点，因为他记得今年有两天特别热，当时家里整天都需要开空调……两人僵持不下，东辰姐姐走了过来，提示他们登录气象局的官方网站，查找一些数据，通过数据来了解真实情况……

随着年龄的增长，小学高年级学生的抽象思维也在不断发展，可以引导他们练习"用数据说话"，培养客观、严谨的思维方式。对于一些实际问题，可以利用实际测量或官方渠道的信息来收集有效数据，并对数据进行简单处理分析，由此得出结论。引导他们理解测量误差的概念，培养尊重事实、保证数据客观、真实的理念。

● **学习收集数据**

在收集数据方面，可以采用亲自测量的方式。利用一些测量工具，像温度计、湿度计、秒表、量杯、秤、直尺、卷尺、酸碱试纸等，获得具体数据。比如，通过测量可以得到幼苗每天生长的高度，了解到室内的温度和湿度等。

需要观察孩子是否能正确使用测量工具，从而获得真实数据。如孩子对某工具不熟悉，则需要进行必要的指导。

对这个年龄段的孩子，我们可以提示他们有关测量误差的概念。帮助他们理解因为工具、环境等因素的限制，不可能做到无限精确，测量误差是不可避免的。但由于测量方法不正确、操作不认真造成的测量错误，是应该避免的。要求孩子在测量时采用正确的方法，态度认真、严谨。

在上面的案例中，东辰姐姐请两个小伙伴去官方网站上查找信息，这也是一种很好的获得数据的渠道。居民人口数量、全市今年降雨情况、地区GDP水平等，都可以通过查询官方网站来获得。一般而言，孩子比较容易想到上网查找数据，但我们需要提醒他们选取来自权威、专业机构的信息，保证数据的客观性和真实性。

如果孩子有兴趣，也可以教他们通过问卷调查收集数据。比如，针对社区卫生问题，指导他们编制小问卷，调查居民满意度，获得数据。

● **学习简单分析数据**

一般而言，需要提前准备好数据记录表。获得数据后，在第一时间记录下来。然后，对获得的数据要及时进行整理分析。

对于这个年龄段的孩子来说，还不能进行较为复杂的统计分析，但可以通过加减乘除等来处理一些问题。家长可以指导孩子运用Excel表格来进行简单的统计处理。

在分析数据的过程中，孩子能够感受到这也是运用数学知识的过程，体会到数学在生活中的价值和意义。

● **学习展示数据**

在数据分析的基础之上，得出初步的结论，这时候基本就可以解答问题了。但是，我们还可以鼓励、辅助孩子进行展示。

比如，做一个简单的实践报告，用PPT的形式展示，包括最初要解决的问题、设想、实验过程、得到的数据、分析方法、得出的结论和新的设想等。在家人面前进行展示或者带去学校和老师、同学分享。

家长可以鼓励孩子多参加学校组织的各种项目研究，以及参加社会实践活动等，锻炼孩子数据收集和处理的能力，培养运用数据解释问题的思维方式。

学习进行假设检验

进入六年级以后，久瑜总是觉得疲惫，经常犯困。妈妈说睡前锻炼身体有助于睡眠，但久瑜不太赞同妈妈的看法，他觉得睡前阅读可以有助于睡眠。他想做个小实验来证实自己的假设，反驳妈妈的观点。爸爸妈妈对久瑜想做小实验的想法非常支持……

这个阶段的孩子对一件事往往有自我的主张和看法，这时家长可以顺势引导孩子利用科学的方式来验证自己的假设，而不是凭空设想，与人争论不休。比如，进行简单的实验。

● **提出假设**

提出假设，首先需要对事实有所了解，根据自己已知的经验或客观规律，通过想象和推理，提出一个假设。

说到"提出一个假设"，大家可能会觉得很难，但其实生活中充满着各种各样的假设。比如，我们会提出很多问题："每天浇水和隔天浇水，哪种方式对豆苗的生长更有好处？""节食比运动更有助于减肥吗？"而这些生活中的问题就可以转化成假设。在上面的案例中，久瑜遇到的问题是"运动和阅读哪个更有助于睡眠"，转化为久瑜的假设就是"睡前阅读有助于睡眠"。所以，引导孩子在生活中发现问题，依据自己的经验和知识来做出推断，就能提出假设。

● **设计实验并执行**

在确定了假设之后，就要开始实验设计了，这是为验证假设得到结论很关键的一环。

比如，在研究"每天浇水和隔天浇水，哪种方式对豆苗的生长更有好处"这个问题时，我们先确定我们的假设为"每天浇水对豆苗生长更好"。同时种植两盆豆苗，放在同一环境中，保证同样的温度、湿度和光照，对一盆每天浇水，对另一盆隔天浇水，以 10 天为一个周期，来观测它们的生长状况。

提醒孩子，在设计实验的时候，要保证其他条件一致，只在我们想要验证的那个方面进行变化。例如，上述豆苗实验中，不能把一盆豆苗放在阳光下，而另一盆放在缺乏光照的屋子里。

● **验证假设**

随着实验的进行，我们将会获得数据，然后进行数据分析，来验证我们的假设。仍以上述豆苗实验为例，如果每天浇水的豆苗确实比隔天浇水的豆苗长得快、长得高，那么就验证了我们的假设。如果不是，那么就推翻了我们的假设。同样，在验证假设之后，可以将自己探索的过程通过 PPT、视频、音频等形式展示出来，向周围的人分享。

提出假设、设计实验并执行、验证假设的过程，就是科学实验的一个小缩影。利用这样的过程，可以从小培养孩子用严谨的科学思维去思考问题、解决问题，获得自己的答案，这对于今后孩子的学习和生活都是非常有益的。

学会利用一些学习工具

在班主任艾老师的指导下，五年级五班的同学们成立了多个学习小组，主要目的是希望互相交流学习方法，共同进步。小雪学习成绩优异，被选为第二学习小组的组长，同在一个学习小组的小刚经常向小雪借她的学习笔记，因为他发现小雪的笔记写得又工整又条理清晰，非常便于复习。他还向小雪请教了记笔记的方法。

进入到小学高年级，面对的学习内容越来越多，也越来越复杂，这时可以建议孩子学会使用一些有用的工具。比如，用列提纲、制作图表、康奈尔笔记法等方法来做学习笔记，梳理知识，与已有知识进行连接，形成知识网络，以便加强理解、记忆，提高学习效率。

● 列提纲

列提纲的方式很适合做教材内容的复习，将每个单元的重点和难点内容提炼出来，可以有效地帮助梳理所学内容。

列提纲的方式也适合做读书笔记。高年级的学生往往可以自主、完整地阅读一本书，为了更好地消化、理解书籍内容，可以采用列提纲的方式，将书中的内容按照章节顺序提炼，给每个章节做一个简要的总结。这种提纲可以给我们提供线索，让我们立刻回忆起各章的内容，也便于进一步将各个章节的内容串联起来，从而更好地理解和记忆整本书的内容。

● **制作图表**

　　大脑喜欢有序的东西，我们可以借助图表让内容变得有序，既方便理解、记忆，也有利于综合多种因素解决问题。

　　对于一些既有联系又有区别的学习内容，我们可以教孩子采用表格来进行梳理。比如，进入到高年级，有较多古诗和文言文需要背诵，一些孩子就容易弄混，将诗人和作品张冠李戴。可以列表格，按照古诗名称、作者、题材、内容来整理，做到一目了然。然后，对容易混淆的地方着重进行比较分析，找到关键点进行区分。

　　同样的方法还可以应用到英语和数学的学习上。比如，将具有相同词缀的单词整理在一起，会更便于记忆。将解决不同问题的数学公式，分类整理在表格之中。每当问题出现，先锁定问题类别，再从该类中选取合适的公式来解答问题。

● **康奈尔笔记法**

　　康奈尔笔记法是很好的记笔记的方法。简单来讲，它包含笔记部分、备注部分和总结部分。利用得好的话，可以帮助孩子养成良好的课堂记录笔记以及课后整理笔记的习惯。

　　以课程笔记为例。将我们的本子页面分为三个部分：左侧较宽的为笔记部分，一般是随堂记录笔记内容；右侧较窄的部分用于备注，记录自己的疑问或者补充内容，可以是随堂时想到哪些就记录下来，也可以在课后进行补充；页面下方是总结部分，一般是课后复习时进行的。比如，针对所学习的知识，可以做个简单的思维导图，对整体内容进行梳理。

　　可以直接给孩子购买康奈尔笔记本，这种笔记本上已经划分好了区域，孩子直接进行记录即可。

学会做选择、决策

辰辰家里的洗衣机坏了，需要购买一台新洗衣机。奶奶觉得洗衣机都差不多，不用买太贵的，建议买邻居推荐的一款不太知名但最近热销的洗衣机。爸爸认为还是品牌最重要，大品牌才是品质的保证。妈妈去商场里看了看各种洗衣机，又去网上购物平台对比了一下价格，感觉眼花缭乱，越看越不知道选哪一款。正在上小学六年级的辰辰放学回家后，建议妈妈用表格列举的方法来比较不同洗衣机的优缺点和价格。最后在辰辰的帮助下，妈妈做出了决定，买到了全家人都满意的新洗衣机。

对于生活中的问题，我们常常需要衡量多种因素来做出最终的决定。在进行决策的时候，运用一些方法和技巧，可以大大提高解决问题的效率。比如，比较法、排序法、排除法等。

● 比较法

生活中，我们往往需要通过比较来进行决策。在年龄较小的时候，孩子可以依据事物的表面特征（如大小、粗细、长短等）进行比较。随着年龄的增长，孩子可以从更多维度对事物进行比较，例如作用、优点等。

通过列举优缺点的方法进行比较是我们生活中经常会用到的一种比较方法。以"是否参加演讲比赛"为例，我们可以教孩子将一张纸分成左右两个区域，将参加比赛的好处（如锻炼表达能力、结识更多朋友等）写在左边区域中，再将参加比赛的弊端（如牺牲假期时间准备、需要承受比赛压力等）写在右边区域中。这样，优缺点一目了然，便于综合比较，做出决策。

如果需要比较的事物比较多，或需要多维度进行比对，我们就可以采用表格列举的方法。比如，可以教孩子利用表格列举的方法，对容易混淆的知识点进行对比。

● **排序法**

对事物进行排序的时候，需要孩子抓住事物之间的关系，如时间先后、空间转换、重要程度、紧急程度等。

就学习来说，排序的方法经常可以运用到写作上，让作文变得更加有条理。比如，按照空间转换的顺序来写景色，按照相关性来判断某些素材是否值得采用……

再以孩子的假期时间管理为例，我们既要让孩子劳逸结合，又要保证学习效率。这时，我们可以引导孩子按照"轻重缓急"将每天要做的事情进行排序，将既重要又紧急的事情放在首位，在精力充沛的上午先处理，然后再安排较为完整的时间来解决重要问题，将既不重要也不紧急的事情放在最后处理。

我们还可以教孩子用树状思维导图，将事物进行层层分类，让无序变有序，帮助厘清思路。

● **排除法**

当供选择的事物过多的时候，为了提高效率，我们常常会采用排除法，先去掉一些选项，然后再进行比较、排序，最终做出决定。比如，去看望老人时，考虑到高糖的食物不适合老人，采用排除法，就不采购这类食物作为礼品；购买家电时，首先排除掉那些肯定不会买的类型……

在生活中，让孩子参与家庭事务的决策，往往能锻炼孩子比较、排序及运用排除法的能力。比如，对于假期旅行，去哪里，如何安排每天的行程，既要考虑旅行成本，又要考虑时间以及家人的体力和喜好等，请孩子综合各种因素给出一套方案。

利用所学解决生活中的问题

双十一到了，妈妈要在购物网站上购买家庭生活用品。商家出台的各种打折、满减、满赠、优惠券等促销活动，弄得人眼花缭乱。小雪自告奋勇地要帮妈妈做一个最划算的计划，妈妈半信半疑，但经过一番计算，小雪给妈妈提供的购买方案比妈妈之前计划的节省了100多元钱，还得到了很多赠品。小雪觉得很开心，因为她利用自己学到的数学知识，解决了生活中的实际问题。

虽然还处在小学阶段，但孩子所获得的知识已经可以在生活中解决很多问题。家长需要做的是尽量给孩子提供机会，让孩子可以学以致用。这样既可以培养孩子解决问题的能力，也会使孩子更好地认识到学习的意义，产生学习动力。下面就不同学科知识的应用进行一些举例，供参考。

● **数学知识应用**

数学知识可以应用到生活中的很多方面。比如，在生活支出方面，可以让孩子担任家庭的小管家，盘点每个月家里的水、电、燃气、娱乐、购物等各项支出的情况，并尝试提出节约方案。这一方面是在让孩子运用数学知识，提高解决问题的能力，另一方面，还可以让孩子了解家庭的收支情况，理解父母赚钱养家的辛苦，意识到应该节约用度，减少不必要的开支。

● **语文知识应用**

语文的应用则更加广泛，可以运用语文课学到的写作知识，写倡议书、建议书等。例如，在小区开展的垃圾分类活动中，鼓励孩子运用书信写作知识，撰写《致邻居们的一封信》作为倡议书，提倡更加环保的健康生活方式。再比如，在假期出行时，鼓励孩子评价航空公司、旅游景点、酒店的服务情况，利用所学写建议书，提出一些改进方案，再通过官方网站上提供的邮箱地址进行投送。

另外，对于这个年龄段的孩子，可以鼓励他们创作小说，分享给周围的人。如作品质量较高，还可以向出版社投稿。

● **英语知识应用**

在生活中，可以请孩子留意周边景点、地铁站、餐厅等，回家查找并积累相关英文资料，准备一份英文导游文稿。在遇到外国友人的时候，可以担任小导游，给他们进行英文讲解。

● **科学知识应用**

科学知识在生活中的应用也很多。比如，利用有关氧化的知识帮助妈妈使银首饰恢复往日光彩，利用杠杆原理帮助爷爷奶奶制作省力装置来做家务，利用定时器制作宠物定时投喂器，等等。

对于动手能力强的孩子，可以给他们准备一个小型工具箱，引导他们在保证安全的基础上，运用所学知识来修理或改进家居用品。

另外，引导孩子思考解决一些问题的方案，往往也是孩子运用科学知识的过程。比如，思考如何节约水资源，如何合理进行垃圾分类，如何保护小区里的鸟类，等等。

培养孩子的良好品行，帮助孩子适应学校和社会

做足准备，从容迎接青春期

最近，小萱的妈妈感到很沮丧，她觉得以前一直乖巧听话的小萱变了，变得让她有点无所适从。妈妈随便说点什么，小萱都会嫌妈妈唠叨，无法深入沟通；妈妈稍微督促一下，小萱要么顶嘴，要么"摆烂"地回答"你说得对，我就是……"；小萱很容易发脾气，但很快又雨过天晴；有时她还会跟妈妈抱怨自己的好朋友，说人家显摆；她时不时把自己关在房间里写日记，写完锁起来……

对大多数孩子来说，10~12岁是一个天真、多变、缺乏安全感的时期——虽然他们看起来越来越想避开父母，但事实是他们非常需要父母——所以，父母值得为此努力，做到坦然而又智慧地面对孩子的身心变化，不过分干涉孩子，但提供必要的支持。如帮助孩子正确地认识自我，让孩子真正喜欢自己；打造和孩子良好沟通的途径；引导孩子获得美好友谊的滋养并正确处理和异

性的关系，理智面对可能出现的早恋问题……

● **引导孩子真正喜欢自己**

这个年龄段是一个内心在问"谁喜欢我"的阶段。此时的孩子对他人的评价很敏感，开始根据外界的看法重新认识自己。而真正地喜欢自己，才有信心面对纷繁复杂的世界，不容易被人精神操控。不过，虽然生活中孩子会本能地保护自己，给自己争取好的东西、护短，但这些都还不能算真正喜欢自己。

父母可以从两个方面多加注意，引导孩子喜欢自己：

第一，外在的，不随意否定孩子的外貌和身材。虽然现在大多数家长都有"肯定"孩子的意识，但问题在于大家可能会开玩笑，比如说孩子"胖""大胃王""眼睛太小"之类的，以为孩子不在意，但其实这些说法会被孩子照单全收。我们要给孩子传递"每个人都是独特的"这一观念，让孩子对自己的外貌有正确的认识，不以简单的美丑标准来判断，进而自信地去发展自己。

第二，内在的，鼓励孩子的每一次尝试。一些家长因为对孩子要求很高，或者担心孩子骄傲自满，往往忍不住出言打击孩子，或者提一堆所谓改进建议。长期这样，其实是在消磨孩子的自信，消磨孩子愿意尝试的勇气。所以，我们要鼓励孩子的每一次尝试，从内心允许有瑕疵，真正地多看孩子的闪光点。

被父母发自内心地接纳，不被随意贬低，也不被夸张地赞扬，孩子更能正确地认识自己，喜欢自己，顺利地发展自己。

● **重新审视、改善和孩子的交流**

这个时期的孩子可能会对父母表现得非常不耐烦，但是又频繁表示父母不理解自己，需要父母好好跟自己沟通。

怎么办呢？这里推荐一个简单的办法——准备一个笔记本，在上面写一个开篇，说明买这个笔记本的原因（比如，告诉孩子你非常爱他，也听说很多父母和孩子都不能好好沟通，你不希望你们之间也变成这样，所以想试试用这个笔记本来沟通，毕竟有时候把话写下来比说出来更容易一些），告诉孩子可以怎样使用这个笔记本（比如，可以互相提问题、回复问题、分享想分享的一切），然后，把这个笔记本放在孩子的床头或者其他醒目的地方。如果你的孩子开始对你频繁地"翻白眼"、不屑一顾，那么试试看吧。

另外，这个阶段的孩子其实也很重视父母之外的成年人的影响。如果你有一位各方面都很靠谱、优秀的朋友，对孩子有爱心，可以尝试让他（她）成为孩子的"重要他人"。也许对于一些不想跟父母交流的事情，孩子可以跟他（她）分享、倾诉，并获得中肯的建议。

● **帮助孩子获得美好友谊的滋养**

这个年龄段的孩子，跟朋友的关系变得非常密切，如果能有一位同性挚友，会让他们受益良多。

家长不应过分干涉孩子的友谊，但可以在他们困扰时教他们分辨真正的朋友。可以给他们举一些例子，告诉他们，友谊需要双方付出努力。做真正的朋友，意味着不需要任何刻意的改变，还能互相接受。双方互相信任、互相帮助，吵架后会原谅对方，可能不会一直在对方身边，但如果需要，就会在那里。

同时，到了这个年龄段，因为某些原因，比如一些竞争和排名，有时候会让孩子们的友谊受到考验。这时，父母需要告诉孩子一些原则：比如，告诉孩子"胜人者有力，自胜者强"，学习的最终目标不是为了打败某人，而是为了形成自己的见识、思维和心胸，成为自己未来的安身立命之本。大家各有所长，朝着自己的目标努力才是最重要的。再比如，好的友谊，双方都会付出努力维护友谊，又都会受到友谊的滋养。所以，交友时，不要太功利，不要总想着对方能带给自己什么，而是要换位思考，想想对方需要什么，自己能给予什么……这些原则会帮助孩子在人生路上收获更多真诚的友谊。

● **理性看待早恋问题**

早恋这个话题可能会让家长们十分焦虑：担心因为早恋学习成绩下降；担心出现过火的行为……但我们需要承认，到了这一时期，如果孩子有喜欢的对象，那是很正常的事。成绩好、帅、漂亮、性格外向活泼、知识渊博等，都可能是引发好感的原因。

我们需要正视孩子萌动的情感需求，建议就像讨论吃饭喝水一样，淡定地讨论这件事。可以给孩子讲讲自己年少时的故事：比如，怎么喜欢上对方的，曾经为对方写过什么样的日记，但后来对方做了什么事让自己失望了，或者好感在某一刻消失了，就像它来时一样神秘……这样贴心的交流，更可能让孩子向我们敞开心扉。不然，偷偷监控孩子的日记、朋友圈等行为，可能严重影响亲子关系。

另外，也要给孩子恰当的性教育。因为小学生的好奇心、模仿能力都很强，但又缺乏分辨能力，而身边的电视、网络，甚至街边的广告牌，都不乏男女之间亲密的内容，所以及时正确引导是必要的。比如，坦然地和孩子聊身体的变化，教孩子一些必要的处理方法，让孩子感到安心；告诉孩子"性行为是成年人的事情"——必须趁孩子还能相对"听话"的时候把这个重要的原则教给他们；认真地回答他们问的任何相关问题（如果担心自己不会回答，可以查找一些资料，提前学习一下）……还有，在日常生活中，作为家长也要注意，不要随意开启孩子性早熟的开关：比如，不要放任孩子看言情小说，但看到孩子看也不要大惊小怪，咄咄逼人，平和讨论即可；换衣、洗澡时一定要避开已经长大的孩子；夫妻之间秀恩爱也要慎重一点。

学习灵活处理问题、分歧

　　果果平时是一个挺乖的孩子，但是妈妈发现她有时候遇到事情有点钻牛角尖。比如，果果非常希望姥姥来自己家住，因为她觉得姥姥在自己家会生活得好一些，非常不理解姥姥为什么要留在舅舅家，总是为这件事生气。但实际情况是舅舅家孩子小，需要姥姥帮忙。一家人计划外出游玩，如果因为某事需要改变计划，哪怕妈妈列举了改变计划的各种好处，果果也会非常郁闷，好像天要塌下来一样。有时母女俩讨论一个问题，果果也非常固执己见，听不进别人的看法……

　　十一二岁的孩子，可能会显示出思维很机械的一面。其实不只孩子，就连成年人，也会有类似的情况——在某个时刻，大脑显得特别不灵活，怎么都想不明白，也想不到应该换个思路。

　　我们说一个人成熟，其中一个特征就是能从不同的角度去看问题。但是，孩子还在成长中，他们的认知灵活性需要慢慢发展。比如，4岁是典型的缺乏认知灵活性的年龄，这个年龄段的孩子认为一切非黑即白，很爱给别人纠错、互相比、输不起。所以，从孩子小时候，我们就应该通过聊天、角色扮演等方式，引导孩子从不同的角度看问题。那么，现在对于十一二岁的孩子，该怎么办呢？

● 尽量不跟孩子"较劲"

　　不要试图当下就说服孩子。比如，当讨论陷入僵局的时候，深吸一口气，暂停，找个借口离开，另找机会再沟通。

　　想办法让孩子自己得出你想要的结论。给他选择，或者说与你的期望相反

的话。比如，问他"估计你现在不想跟我去买东西吧"，这时，他可能会认真考虑一下"去"的可能性。

● **利用聊天的机会做示范**

平时，抓住能和孩子聊天的机会，对于那些孩子感兴趣的话题，借机谈论影响一件事情的各种因素、各种可能的结果、处于不同立场的人的看法，就等于在带孩子练习思维的灵活性。如果习惯于这样的聊天，孩子就会潜移默化地受到影响，就不太容易那么"轴"。

另外，这个年龄的孩子，已经有一定的分辨是非的能力。日常生活中，对于一些简单的家庭小分歧，可以有意让孩子参与分析、评判，提出解决方案，既锻炼孩子从不同角度看问题的能力，也有利于培养孩子尝试调解熟人之间分歧的意识和行为。

● **鼓励、帮助孩子开阔眼界**

认知灵活性差，不懂得要从不同的角度看事情，部分原因也是因为经验不足，脑子里的世界太小，不知道可以灵活处理。所以，我们需要鼓励孩子通过阅读、旅游、参加各种各样的活动，去了解广阔的世界。见识多了，对世界上各种事情的复杂性、多样性有了解，就更擅长从不同的角度看事情。

● **帮助、引导孩子给大脑"补氧"**

轻松、有趣的家庭氛围，对孩子的大脑发展有益。如果我们能经常和孩子开开玩笑，幽默（本来也经常来源于从新奇的角度看问题）、充满想象力地讨论和聊天，也有助于他们的大脑保持灵活、开放。这是因为在轻松的氛围里，人的大脑会更放松、活跃。这时即使遇到比较大的麻烦，也会觉得有办法去解决，认为这条路不行还可以试另一条路，而不会感到绝望崩溃。

另外，帮助孩子保证作息规律、睡眠充足、饮食均衡健康、科学运动、有丰富多样的活动等，都能给孩子的大脑发展创造良好条件。

● **教孩子一些脱困的方法**

有时候孩子会困在某件事或者某种情绪里，比如跟某个不会做的题较劲，无比焦躁，又不知道如何调整。针对这种情况，平时我们可以教孩子一些方法，提醒他在被困住的时候利用这些方法分散注意力。比如，唱歌或者听歌、出去散散步、运动一下……一开始，孩子可能不愿意那么做，那么我们就要试着鼓励、带领一下，让孩子尝到甜头，下次就好引导了。

理解别人，乐于助人

过年的时候，骏骏的爷爷奶奶从外地来团聚。对于腿脚不便的奶奶，骏骏似乎并不懂得需要有意照顾一下她，哪怕是简单的搀扶；而来做客的朋友家孩子却对奶奶表现出了很多友善之举。本来妈妈还想着是因为骏骏和奶奶长期不在一起生活，对奶奶缺乏感情。但跟朋友家孩子一对比，骏骏就显得太冷漠了。仔细回想日常生活，妈妈也觉得骏骏确实不太考虑别人，有点缺乏同情心……

理论上讲，大约在 5 岁的时候，孩子就开始考虑别人的感受，同情心在不断发展。到了十一二岁，孩子都会富有同情心，能表现出有力的助人之举。但在实际生活中，家人一切以孩子为中心，很可能忽略了有同情心、友善、乐于助人等良好品质的培养，导致孩子显得冷漠、自私。心理学研究表明，助人行为不只对他人有益，还可以提高多巴胺的分泌，让自己变得快乐、愉悦。所以，有必要让孩子学会理解他人的难处并主动提供帮助。

● **爱心会传染，家长先做好榜样**

孩子的品行与父母的教育有较明显的联系。无论孩子多大，我们都要重视身教的作用，从小事做起，表达自己的善意，并尽量鼓励孩子参与助人之举。比如，进楼时随手给身后的邻居开门，顺手带走隔壁老人家的垃圾，热心地给外卖小哥指路，捐赠旧衣物给贫困地区的小朋友，去福利院当志愿者……

当被帮助的人发自内心地表达谢意时，孩子会获得直接的自我认同，这种认同感会进一步使他们成为友善、乐于助人的人。

● **引导孩子关注好人好事**

现在的信息网络非常发达，我们可以看到各种各样的消息。注意引导孩子关注那些正在发生的好人好事。比如，一场洪水过后，社区组织捐款捐物，志愿者前往灾区帮助人们重建家园……不妨都耐心地跟孩子聊一聊，启发孩子对这些友善的行为有所思。

这样做，一方面，可以让孩子发现自己生活在一个充满关爱的环境中，对孩子仁爱之心的发展十分有益。另一方面，有研究表明，进行一些有关慷慨付出的思考也会像真正付出一样对健康和幸福产生影响。

同时，不要害怕孩子了解到一些严酷的现实。我们可能担心孩子会因为了解到生活的严酷而感到沮丧，但事实恰恰相反，当我们通过实地探访或者视频节目等让孩子了解一些事情，看见他人的痛苦时，他们会感恩自己所拥有的，也更容易将心比心，并为能帮助别人而自豪。

● **让孩子有责任感**

当孩子有个人的责任感时，他会表现得更友善。比如，当你希望孩子把自己的一些东西捐给贫困地区的孩子时，如果他们有责任感，就会捐得多一点。可以跟他说："你的捐赠很重要。"这样比说"你应该多捐一点"效果好得多。

学习妥善处理冲突

辰辰周末和同学们出去玩，跟其中一个同学闹矛盾了，两人大吵一架，还差点动起手来。根据现场情况，辰辰妈妈觉得其实两人都有错，建议他们互相道个歉。妈妈的建议被辰辰拒绝了，到家后，辰辰还是坚持认为自己没有错，但是明显看得出来，他对今天的事感到很沮丧……

和小时候吵完架就忘记了相比，现在这个年龄段发生的冲突明显会对孩子影响更大，可能会让他们烦恼、紧张、痛苦、困惑。我们需要教孩子妥善处理冲突。既要让孩子明白有些冲突是可以避免的，又要让孩子知道发生人际冲突并不可怕，如果处理得当的话，人际冲突还能帮助双方增进了解，加深友谊。

● **不过度保护，让孩子有机会学习处理冲突**

很多时候，我们会不自觉地去保护孩子，过快地挺身而出帮孩子扫清障碍和问题，甚至为了回避问题，而有意避开一些场合……这其实是在剥夺孩子宝贵的实践、学习机会。虽然遇到问题时，他们的表现可能显得不成熟、欠考虑，最终也可能还是需要大人帮忙，但是这个锻炼的过程对孩子日后的生活无疑是有益的。比如，它能帮孩子更了解自己的性格特点、了解自己的能力、了解自己处理问题的方式和后果，并在成年人的指导下形成自己做人做事的风格。

● **教孩子形成边界意识，尽量避免冲突发生**

如何避免冲突发生？很重要的一点就是引导孩子意识到与人交往时需要有边界意识：说话要有边界，不能总是信口开河；尊重别人领地的边界，不能太不把自己当外人；行为要有边界，举止不要太随意；交心也要有边界。告诉他们，"己所不欲，勿施于人"是人际交往中的黄金法则。

● **教孩子正确处理冲突的方法，避免冲突升级**

在平时，我们可以通过举例子、情境模拟等方法，教孩子在遇到人际冲突的时候：

⊙ 第一步，积极暂停，给情绪降温，做合理的让步，有时候适度妥协是非常必要的。

⊙ 第二步，回忆冲突过程，还原冲突真相。双方尽量把事情说清楚，避免稀里糊涂地争吵下去。

⊙ 第三步，确认双方的主要矛盾，确定沟通的主题与方法。

⊙ 第四步，主动承担责任，建立共同目标，一起解决问题。

这四步看起来很简单，但即便对于大人来说，做起来也并不容易。不过没有关系，可以慢慢练习。发生冲突，我们要尊重孩子，让他们用自己的方式解决问题。即便问题解决得不好，也不要着急追究责任或者指责孩子，要鼓励孩子说说自己的想法，再给予必要的指导和帮助。

● **教孩子懂得承担责任，学会道歉**

冲突过后，学会请求对方原谅，对于保持健康的关系非常重要。事实上，不光是孩子，很多成年人往往都拒不承认自己错了。所以，有必要引导孩子敢于承认错误，为自己的行为承担责任。

孩子固执，不愿意承认错误，往往是因为他们感到害怕，没有安全感。他们会觉得道歉是在承认自己做错了，所以他们拒绝道歉。我们可以尝试这样做：

⊙ 引导孩子换位思考。问他们几个问题：到底发生了什么？你觉得对方为什么生气？你认为他应该生气吗？如果换成是你，你会有什么感觉？

⊙ 帮助孩子自我评估。问他们：现在回头看，你还会那样做吗？你觉得你当时做得对吗？你可以做得更好吗？如果有人那样对你，你会怎么做？

⊙ 鼓励孩子先迈出一步。我们需要教孩子，成熟的人会勇于承担责任，哪怕自己的错误再小。我们之所以道歉，是因为我们珍惜和对方的关系。主动道歉，需要勇气，意味着成熟。

⊙ 教孩子学会补救。帮助孩子采取必要的行动，纠正错误，尽力做一些补救。

⊙ 劝说孩子顺其自然，不要期望别人一定接受自己的道歉。提醒孩子，自己要勇于道歉，但是否接受道歉是对方的事，每个人都只能控制自己的行为。自己先勇敢、真诚地做自己需要做的事情就好。

培养社会责任感

自从上了六年级以后，妈妈每每问起班上的事情，朵朵都提不起兴趣。有一天妈妈又问，朵朵很失落地告诉妈妈："现在大家都各忙各的，对班里的事儿一点也不积极。而且大家好像也不那么团结了，以前每次学校运动会我们班都拿年级第一名，这次只拿了第六名……反正在学校我觉得挺孤独的。"

拥有社会责任感，并付诸行动，这对于成长中的青少年尤为重要。关心班级、学校、小区等，积极参与相关事务，其实都是有社会责任感的表现。那些世界知名高校在筛选简历时，也都很看重学生的社会责任感。事实上，孩子有社会责任感，有愿意为他人做点什么的心态，不仅仅是于他人、于社会有益，他们自己也会感到是被社会需要的，会获得价值感和归属感。

● 培养社会责任感，先从家里的事情做起

培养社会责任感，不应该是一句空洞的口号，需要家长真正重视起来。一些家长很重视孩子的学习成绩，越到高年级，越担心孩子的学习时间被占用，而忽视了孩子社会责任感的培养。培养孩子的社会责任感，需要注意以下方面：

首先要让孩子自己的事情自己做。家长不要替孩子包办过多的事情。因为到了十一二岁的年龄，如果孩子每天的任务还只有学习，其他一切都由家人包揽，他们会认为自己受别人照顾是理所应当的，会感到"这个世界应该为我服务"，而不是"我也要为这个世界服务"，甚至会因为别人服务不周而心生怨恨。

其次要让孩子真正参与一些家庭事务。对于小学阶段的孩子来说，其实他们很渴望表现自己，希望得到他人的认可。所以，除了真正地让孩子们自己的事情自己做以外，还要让他们切实完成一些家庭任务。比如，常规的家务，让孩子选一两项，每日执行；对于能力较强的孩子，还可以试一试让他们当家一天，为一日三餐做计划，给出合理的消费建议，并负责食材采买，回来择菜、洗菜、烹饪、端上桌，饭后负责清理。再比如，遇到问题时，邀请孩子参与家庭会议，和大家一起头脑风暴，商讨出解决方案，然后在解决方案中，也分配给孩子任务，让他们真正感到自己能为家庭贡献力量。

● **重新建立对班级的归属感**

到了小学高年级，出于种种原因，孩子对班级的心可能逐渐散漫。但是，这样的直接后果是孩子会感到孤独，只能感觉到马上就要各奔前程，而看不到曾经一起度过的美好时光。这时候，可以和孩子一起翻翻之前的照片，看到班级活动照片时，多聊一聊，并且有意问问孩子照片上同学的优点，注意说优点时不要拘泥于成绩、竞赛奖项，可以更多地关注性格、行为的闪光点……因为这个年龄的孩子，已经很有独立意识了，如果他自己意识到了同学的优点，发现同学都那么好，就会更愿意去靠近他们，为他们、为班级做一些事情。

● **走出家门、走出校门，接触社会**

要培养孩子的社会责任感，就要让他们实际接触社会。比如，在小区里当志愿者，宣传文明养狗、垃圾分类等，为维护小区美好的环境出一份力；参加长期或者临时的团体，在公园、博物馆、地铁、养老院等场所当志愿者，给游客服务，担任小讲解员，陪伴老人等。

● **书海漫步，受榜样力量鼓舞**

这个年龄的孩子是容易受到榜样力量的鼓舞的。古今中外，历史上的很多名人都是有强烈社会责任感的，读一读他们的故事，会让孩子收获人生榜样，受到有用的激励。

另外，现在网络对孩子的影响越来越大，我们一方面可以结合网络上的社会热点，引导孩子看到生活中鲜活的事例，了解热点事件中主人公的社会责任感；另一方面，在网络上，孩子不可避免地会受到一些个人主义、功利主义的影响，此时就需要家长及时纠偏。

世界那么大，一起去看看

从墨墨小时候起，妈妈就喜欢带他去旅行，平常也会和墨墨一起看有关世界各地的纪录片。墨墨的爷爷奶奶对妈妈的做法一直不太理解：以前是觉得孩子太小，什么都记不住，到处玩就是白花钱；现在是觉得孩子将来也未必会出国，了解那么多国外的事情有什么用？等真出国了再慢慢了解也不迟……

随着科技的发达，社会的发展，将来我们的孩子必定会和世界各地不同文化背景的人产生联系，甚至是一起工作、生活。所以，了解世界，应该是他们的必修课。

了解不同国家的食物，欣赏各具特色的建筑，了解各种各样的气候状况，了解各国的历史，了解各种语言、服饰、行为方式和我们都存在差异的人……孩子们往往会比较异同，会思考什么地方好，什么地方不好。就是在这样的体验与比较当中，增长了见识，也扩展了胸怀——孩子们看到的世界大了，才能更加宽容，更加坦荡。实际上，接受彼此的不同、尊重相互的差异，正是了解世界的重点内容之一。

● 通过旅行认识世界

旅行带给我们身临其境的学习，是了解世界的一种重要途径。在去陌生的国家之前，可以对孩子进行一些培训。比如，简单的语言培训，可以让孩

子自己接受海关简单的询问，可以帮
助孩子认识当地简单的标志，也能让
孩子更容易接触当地人；通过书籍、
纪录片等了解一些当地的文化、历史，
这样既可以提前激发孩子的好奇和兴
趣，又让孩子到了当地后可以验证之
前所获得的知识；还可以培训一下摄
影技巧，自己拍摄照片会让孩子的印
象更深刻。

在旅行过程中，一定要试着融入
当地真实的社会。和当地人接触（甚至可以提前设置一些需要当地人帮助才
能完成的小任务，然后一件一件去完成），按照他们的方式生活，使用他们
的交通工具，去当地的博物馆……不是走马观花地"打卡"，而是真正停留
下来，认真地感受、记录、讨论。

● **通过纪录片认识世界**

纪录片以真实生活为创作素材，以真人真事为表现对象，虽有艺术加工，
但以展现真实为本质，并用真实引发人们思考。所以，纪录片也是帮助孩子
认识世界的重要工具。它的重要意义之一就在于它能将我们的眼睛和脚步，
引向我们无法企及的地方和领域，又能让那些我们曾经到过的地方、经历过
的事，变得更有深意。

现在很多媒体平台上都有大量优质的纪录片，题材广泛，既可以追溯上
下数千年的历史文化，也可以欣赏从宇宙到地心深处的奇妙之境，探索世界
的各个角落……

如果孩子没有从小养成爱看纪录片的习惯，那么与其他娱乐节目相比，

纪录片对他们来说会显得枯燥一些，他们可能会拒绝观看。所以，建议从孩子的兴趣出发。比如某个国家最近成了新闻热点，而孩子也表现出了兴趣，那么就可以趁机推荐相关的纪录片。另外，建议家长陪伴观看。大家一起看，一起讨论，会让观影活动变得有趣。毕竟这个年龄的孩子内心还是渴望父母的陪伴，渴望快乐的亲子时光。隔一段时间（比如每周或者每隔一周的周末）一起看一部纪录片，其实也是一项很好的家庭活动。既帮助孩子长了见识，又拉近了亲子关系。

● **通过书籍认识世界**

毫无疑问，书籍是人类认识世界的重要窗口，使用方便、开销小。可以从网上找找各种育儿专家、育儿达人提供的书单，也可以在育儿社群里请教过来人的经验，依据大家提供的信息，再酌情进行一些筛选，往往就能找到合适、优质的书籍。

智慧父母驿站

全家协调一致，共同支持孩子成长

佑佑奶奶是位老教师，对佑佑要求很严格，每天给佑佑额外布置很多作业，还经常在吃饭时为了一些小事批评佑佑……佑佑妈妈不赞同佑佑奶奶的做法，但是又不知道如何与佑佑奶奶交流，求助佑佑爸爸，佑佑爸爸觉得奶奶的做法没有什么问题。一来二去，佑佑妈妈老生闷气……

家庭是孩子成长的主阵地，家庭教育在孩子的成长中有着至关重要的作用。一家人"统一战线"才能为孩子营造健康和谐的成长环境，让孩子获得更好的发展。但现实中，在孩子的教育问题上，因为观念、方法等的不一致，每个家庭中都或多或少地存在矛盾和冲突。所以，家长在平时的生活中，需要意识到家人之间"不一致"会带来问题，明确互相之间需要沟通、协调，与孩子一起成长，才能更好地支持孩子。

● "不一致"带来的问题

对于孩子的教育，家人之间的目标、理念、方法等各方面都可能存在不一致。常见的情形有：

⊙ 对孩子的培养目标不一致。比如，爸爸希望孩子的童年多一些时间玩耍，妈妈却要求孩子用尽量多的时间来学习。

⊙ 对爱的理解和投入方式不一致。比如，爸爸认为给孩子最好的爱就是物质上的满足，妈妈认为给孩子最好的爱就是给孩子更贵、更好的教育。因为对爱的理解不同，投入方式也不一样。

⊙ 对教育的认知及策略不一致。比如，妈妈认为学习是孩子的唯一出路，爸爸认为孩子做自己喜欢的就好。认知不一，采取的策略也各异。

⊙ 对孩子的情感表达方式不一致。比如，妈妈认为"慈母多败儿"，于是对孩子非常严厉。爸爸认为，孩子应该是被宠大的，树大自然直，被宠爱的孩子身心更健康。

⊙ 还有，祖辈与父辈的教育观点、态度、方法往往存在很多不一致。当家庭成员之间的意见总是不一致时，可能会让孩子感到无所适从，失去判断力，也可能会让孩子很快习得钻空子的本领，滋生不合理的期待。时间一长，无论哪位家长，在管教孩子方面都会失去威望。

● 明确一个最有话语权的人

对孩子来说，他们更容易遵守明确、唯一的标准。所以，家人之间需要积极沟通、协调，统一标准。该怎么做呢？

建议推举一个最具话语权的人。也就是说，明确在孩子教育问题上谁说了算。一般而言，父母双方，谁花更多时间在孩子身上，更了解、关注孩子，谁就应该最有话语权。

当然，最具话语权的人也要帮其他人建立权威感。但前提是大家不要为了证明自己是对的，而在孩子面前争论不休。只要原则没问题，在细枝末节的问题上，最具话语权的人也不要事事较真。尤其是对于祖辈，父母要对他们的付出表示尊重与感谢，在这个基础上进行沟通。

● **夫妻双方彼此欣赏、尊重**

中国有句古话："夫妻同心，其利断金。"在对待孩子的教育问题上，它同样适用。夫妻双方互相欣赏、尊重，即使有不同意见，也能心平气和地沟通，而不是互相拆台。

一方面，家庭中流淌着民主、和谐的氛围，就蕴含着让孩子感受到被支持的、爱的能量，另一方面，这也为孩子提供了良好的榜样作用。这是很高级的教育。

● **父母和孩子共同成长**

为人父母，这是一份非常重要的工作，但最初我们都是"无证"上岗。尤其是第一次做父母，没有经验，所以，孩子发生任何情况，我们只会照模式或凭感觉处理。为了更好地支持孩子的成长，我们需要学习相关知识，不断给自己充电，和孩子共同进步。

正确认识孩子学习的意义

华华马上就升六年级了。每次他的考试成绩一出来，就是爸爸妈妈情绪不稳定，甚至非常焦虑的时候。现在，一提考试，华华自己就先焦虑了，他很担心成绩不理想被批评，也担心爸爸妈妈又因为自己的成绩爆发争吵。

像华华的爸爸妈妈这样焦虑孩子学习成绩的例子，在现实生活中很常见。学习到底是为了什么？该怎么看待孩子的成绩、名次？自己在孩子学习中的作用应该是什么……对这些问题的答案，很多父母其实是模糊不清的。

● **关于学习的两个不同视角**

关于学习，可以从狭义和广义两个不同的视角来解读。孩子在学校里作为学生的学习，是狭义的学习，很多家长的关注点也在这里。除此之外，还有更重要的学习，就是广义的学习，是孩子在生活中、在社会里的学习。

● **关于学习的目的和意义**

明确了学习不只是狭义的学习，就会明确只看重学校学习的成绩是不明智的。实际上，无论是广义的学习，还是狭义的学习，对于孩子来说，都是用来启智明理的。在学习过程中，孩子认识自然和社会，不断完善和发展自我。

● **明确学习是孩子自己的事**

对成绩和名次的认知，决定了我们面对孩子的态度。这里并不是说成绩、名次不重要，而是对这个年龄段的孩子，需要跟他们明确学习是他们自己的事。

让孩子明白：分数高低其实跟父母没有关系，但分数能够衡量孩子对知识的掌握程度，也能体现他们对学习这件事的态度、责任感。父母愿意给予支持，但希望孩子能充分利用这些支持，最好是孩子提出来需要哪些支持。

厘清这其中的关系，明确孩子的学习责任，让他们意识到自己不需要应对父母，而应该为自己的学习进步负责，会更有利于孩子积极向上。

● **意识到孩子与自己的不同**

互联网时代的孩子在意的是什么？是不是跟我们自己小时候不太一样？

出生在 20 世纪 80 年代的人们，面对的是物质还比较匮乏的环境，因此，满足基本的物质需求，让生活水平越来越高，成了这一代人的追求。到了 20 世纪 90 年代，物质逐渐丰富，而出生在 2000 年以后的孩子们，从小基本就过上了物质丰富的生活。所以，他们最想追求的不是物质，而是精神。他们更在意自己的感受，在意这个社会的发展，在意这个世界的变化……

因此，很多时候我们都需要想一想：我们真的懂孩子吗？知道他在想什么吗？知道他的感受和他对自己的期待吗？知道他想成为一个什么样的人吗？多想一想，有助于我们更理智地看待孩子的学习、成长，也有利于找到正确的引导方法。

学会与即将进入青春期的孩子沟通

乐乐上五年级了，每天早晨上学前，都要在镜子前左照照右照照，好半天才能出门。妈妈担心她迟到，有时候会忍不住提醒一下，但也没怎么唠叨。可乐乐倒好，妈妈一开口提醒，她就生气，经常直接摔门走了，这让妈妈非常气愤。孩子是进入叛逆期了吗？

孩子进入五六年级以后，很多父母会抱怨：孩子越来越古怪，跟家人说话越来越少，脾气越来越大。这是青春期叛逆的前奏吗？究竟该如何与这个年龄的孩子进行有效沟通呢？

● 把控制、命令、不信任转化为尊重、信任

要想与孩子建立有效沟通，我们要先了解现阶段的孩子需要什么。当父母与孩子同频，有效沟通才更容易发生。

一般而言，这个阶段的孩子会认为自己身体长高了，思想逐渐成熟了，能独立做很多事了，像大人了。因此，他们强烈渴望得到父母的尊重和信任。作为父母，要学习站在孩子的角度理解他，以平等的身份尊重他，足够相信他。比如，既指出问题又给足面子，既找到不足又善于肯定。

父母的信任不仅是沟通的基础，而且是孩子安全感的重要来源。当父母给予孩子充分信任的时候，孩子的内在会生发出更多的动力，去努力做最好

的自己。

● **用平等的姿态和孩子对话**

平等对话的前提就是放下父母的自以为是、放下权威、放下控制、放下不信任，否则，父母从孩子那里得到的回应很可能就是生硬、冷漠的。

真正的平等，就是当孩子不想和我们说话时，当孩子不想吃我们做的饭菜时，当孩子不想告诉我们为什么没考好时，当孩子不想说自己的小秘密时，我们都能够心平气和地表示理解。然后，在他想说的时候，再认真倾听。

知易行难。但只要我们有这方面的意识，愿意尝试，多多练习，慢慢就会做得越来越好。

● **学会和孩子协商**

这个阶段的孩子很有自己的主见，但有时想法又不够成熟。这时，如果父母直接给孩子解决方案，很可能会被孩子拒绝。此时，不要着急，可以采取协商策略，先问问孩子，他想怎么解决这个问题，有几个解决方案，在这些方案里面，他更倾向于选择哪个。当我们以平等的姿态，充分尊重孩子的想法以后，以他的方案为基础，再提出建议，孩子会更容易接受。如果孩子真的不愿意接受建议，那么在非必要的情况下，不要强求，要给孩子试错的机会。

● **经常赞美、鼓励，多多拥抱孩子**

每个孩子都有足够多的优点和长处，如果我们能看到这些优点和长处，并及时给孩子赞美、鼓励，不仅能增强孩子的自信心，还能拉近亲子之间的距离。

另外，关于沟通，有一个"73855"原则，有研究表明：在决定人际沟通效果方面，文字内容只占7%，语音和语调占38%，外表和肢体语言占55%。所以，父母和孩子在日常沟通过程中，可以尝试遵循这一原则。我们可以经常微笑地看着孩子，跟他说话，或者听他说；挽着他的胳膊或搂着他的肩膀和他一起遛弯儿；在他放学回家时给他一个拥抱……这些都是孩子非常喜欢的，是在向孩子传达爱、接纳和保护。关系亲近，沟通更容易进行。

帮助孩子摆脱习得性无助

　　明明的数学成绩一直不怎么好，他觉得数学太难了。新来的数学老师对他说："数学其实没那么难，你上课好好听讲，课后我再帮你复习一下，慢慢会赶上来的……"老师还没说完，明明就抢着回答："老师，我认真听讲了，课后我也复习了，但我就是学不好。怎么努力都学不好，我觉得我天生就不是学数学的'料'。"

　　在生活中，有不少像明明这样的孩子，他们陷入了习得性无助，面对问题时，总是觉得自己无能为力。这种心理状态主要来自成长经历中的多次失败或多次被否定。孩子不相信自己的能力，也不相信努力可以带来改变，于是自暴自弃。毫无疑问，这种心态非常不利于孩子的成长。

　　对于孩子的习得性无助，首先我们要学会分辨和觉察，在面对孩子的生活、学习时持平常心，不焦虑，不激进。同时，建议注意以下几个方面。

● 教孩子把自我攻击转化为寻找资源

　　当孩子遇到问题，感到自己无能为力时，引导孩子把"都是我的错""是我不够好""我真的很没用""我再怎么努力也无法改变结果"等自我攻击的思维按键暂停，然后重新在内心设置一个寻找资源的按键，并启动它：试试问孩子，有没有其他办法可以让问题得到解决？或者问，假如有个奇迹发生，问题解决了，这个神奇的办法会是什么？或许还可以怎么样……同时要和孩子一起尝试付出行动，帮助孩子获得成功。当然，帮助不是代劳，关于这一点，后面会再讲到。

帮助孩子慢慢从遇事就觉得自己不行，转化为遇事就积极想办法。在这个转化过程中，父母的信任、鼓励非常重要。我们要"看到"孩子，要相信孩子能做到，用欣赏的眼光去看他，看到他做得好的任何一点。比如，他再努力了哪怕一点点，都应及时给予正向、积极的评价，帮助孩子重塑自信，建立积极的自我概念。这个"看到""欣赏"的过程，就是父母在向孩子表达信任，帮助孩子信任自己，进而有助于发挥他们的潜能。另外，在面对失败时，要引导孩子正确归因。比如，归因于努力而不是能力。

● **引导孩子搜索过往的成功体验，重建自信**

所谓成功体验，并不需要什么了不起的大事。在孩子的成长经历中，每件做对、做好，值得被肯定、被表扬的事情，都可以称为成功体验。比如，孩子把厨房整理得干干净净；孩子帮妈妈去物业缴纳了物业费，还开好了发票；孩子帮忙照顾了邻居家的小朋友，得到邻居的夸奖；孩子跳绳很棒，跑步也快……这些事情都可以让孩子获得正向的体验，体会到成功的快乐、骄傲和自豪，同时也有助于逐渐纠正其头脑中固有的负性信念。

所以，我们需要花些时间，帮孩子把这些事件梳理出来。每找出一个事件，就可以找机会跟孩子聊一聊，问问当时他是怎么想的、怎么做的、用了什么办法、涉及什么技能……搜索出的事件越多，探索得越多，孩子对自己的能力就会越有自信。

● **把寻找问题解决方案的权利还给孩子**

遇到问题是孩子成长过程中的常态。现实当中，一些父母会习惯性地帮孩子解决问题。当孩子遇到问题，可能还没有向他们求助时，他们就积极地帮孩子把问题解决了。父母代劳越多，孩子就越依赖父母，认为"我不行，我做不好"的想法就会越来越强烈，长此以往也容易形成习得性无助。

因此，建议父母把寻找解决问题方案的权利还给孩子。当孩子遇到问题时，可以试试问他：你怎么看这件事？你有办法解决吗？还有别的办法吗？这几个办法里面，你更想试哪一个……当我们通过提问把问题还给孩子，孩子就会在我们的引导下进行思考。这样的机会越多，孩子独立思考的能力就会越强。一旦孩子逐渐养成了爱思考、会思考的习惯，解决问题的能力就会越强，而不至于经常感到无能为力。

● **帮助孩子找到合理的目标，并学会拆解目标**

很多事都不可能一蹴而就，对于要摆脱习得性无助的孩子更是如此。我们需要引导他们设置合理的目标，并学会拆解目标，一步步迈向成功，重新获得掌控感。

在这里需要强调的是，首先，这个目标应该是孩子自己的目标，而不是父母的目标；其次，这个目标应该由孩子自己设定，而不是父母设定。作为父母，可以引导孩子根据自身能力，为自己设定合理且能够完成的目标，同时给予他们恰当的鼓励。

教孩子拆解目标，这一点也很重要。把一个大目标拆解成多个小目标，然后逐一实现每个小目标，在这一过程中孩子会获得更多次的成功，获得掌控感，产生良好的情绪体验。如果周末作业很多，我们可以引导孩子把作业按照愿意做的、不愿意做的、做起来有困难的进行分类，然后一类一类想办法去完成。例如，先做愿意做的，让自己感觉比较好；把不愿意做的分开做，中间休息一下听听喜欢的歌调剂调剂；对于做起来有困难的，请父母帮助。

提前准备，助力孩子适应中学生活

涛涛即将小学毕业，面对孩子的升学，爸爸妈妈心里满是焦虑：孩子能适应初中生活吗？孩子能管理好自己的学习吗？孩子能和老师、同学建立良好的关系吗？总之，爸爸妈妈各种担心，但又不知道如何才能够帮到孩子。

孩子面临小升初，很多家长都会担心，甚至感到焦虑，不知所措。作为家长，怎么做才能助力孩子接下来更好地适应中学的学习生活呢？

● **观察并帮助孩子调整学习习惯**

小学阶段是孩子养成好习惯的重要阶段。但是，一些孩子在这个阶段并没有养成好的学习习惯，甚至习惯较差。而进入初中后，在学业方面需要学生有较好的预习习惯、专注听讲的习惯、记笔记的习惯、认真做作业的习惯、改错的习惯、复习的习惯等。所以，在小初衔接的阶段，家长要注意观察孩子的学习习惯，必要的话，及时帮助孩子调整。比如，进行适当的训练，培养专注的习惯。

● **帮孩子调整对某些学科的抗拒或厌倦**

这个阶段的孩子，有的已经有了对某学科的不良印象。这些不良印象的产生，往往是有原因的，比如，不喜欢任课老师或者觉得某学科太难。如果孩子身上有这种迹象，这段时间其实是帮助孩子做调整和改变的机会。先弄清楚到底是何种原因，再针对性调整。

比如，如果是不喜欢老师，家长可以请孩子讲讲该老师的哪些行为让他厌倦或抗拒。在孩子讲述的过程中，我们只需要静静地听，不去打断孩子的讲述，直到他讲完。然后，把我们听到这些故事后的感受反馈给孩子，表示对他的理解。再问他，从这件事中，我们还可以看到什么、感受到什么。和他讨论，比如，老师说这句话背后的真实用意是什么？他为什么对你那么严厉？如果你是老师，当时你会怎么想，怎么做……帮助孩子消除对老师的偏见，同时也让孩子理解人无完人，学会接受老师的一些不完美之处，正视自己的学习。

这个叙述的过程，就是孩子重新梳理自己在某学科学习中留下不良感受的过程。当不良感受被慢慢转化，孩子对该学科的厌烦情绪也就会渐渐淡化。

● **提前让孩子了解中学学习与小学学习的不同**

小学阶段更注重习惯养成，知识性学习的任务并不是很重，内容相对简单、容易。

到了中学阶段，学科多，课程节奏快，学习任务明显比小学阶段繁重。因此，很多孩子都要应对新挑战，经历对学习方法的新探索。

让孩子提前了解一下中学各科课程的大致内容及基础的学习任务、学习方法，有助于孩子适应初中的学习生活。

● **引导孩子找到自己的兴趣点、阶段目标以及人生目标**

孩子进入初中阶段以后，是否找到了自己的兴趣点、阶段目标以及人生目标，对孩子的学习动力影响很大。

如，特别喜欢化学实验，对火箭充满了好奇，对法律、心理学等学科很有兴趣……这些都是兴趣点。

再如，想去哪所高中，想去哪所大学，想学什么专业……这些可以成为孩子的阶段性目标。

如果孩子在初中阶段就很清楚自己未来想成为一个什么样的人，如特警、老师、艺术家、物理学家、工程师……那么这就是孩子的人生目标。

而实际上，不少孩子在进入初中阶段学习时，是没有目标的。没有目标，就缺乏动力。缺乏动力，就容易出现"不喜欢学习""厌恶学习""被动学习"等状态。

因此，在这个阶段，要注意引导孩子探索自己的兴趣点，找到阶段目标和人生目标，帮助孩子尽早找到学习的动力源。